www.ingramcontent.com/pod-product-compliance
Lightning Source LLC
LaVergne TN
LVHW010201070526
838199LV00062B/4449
9789369081769

تفسیر ابن مسعود

حصہ سوم: العنکبوت تا الناس

تالیف فی العربیۃ: محمد احمد عیسوی

اردو ترجمہ: مولانا شمس الدین

مرتّبہ اعجاز عبید

© Taemeer Publications LLC

Tafseer Ibn Masood – Part:3 *(Quran Urdu Commentary)*
by: Maulana Shamsuddin
Edition: April '2025
Publisher :
Taemeer Publications LLC (Michigan, USA / Hyderabad, India)

ISBN 978-93-6908-176-9
9 789369 081769

مترجم یا مرتب یا ناشر کی پیشگی اجازت کے بغیر اس کتاب کا کوئی بھی حصہ کسی بھی شکل میں بشمول ویب سائٹ پر اَپ لوڈنگ کے لیے استعمال نہ کیا جائے۔ نیز اس کتاب پر کسی بھی قسم کے تنازع کو نمٹانے کا اختیار صرف حیدرآباد (تلنگانہ) کی عدلیہ کو ہو گا۔

© تعمیر پبلی کیشنز

کتاب	:	**تفسیر ابن مسعود** (سورہ العنکبوت تا الناس)
مترجم	:	**مولانا شمس الدین**
جمع و ترتیب	:	اعجاز عبید
عربی تالیف	:	محمد احمد عیسوی
صنف	:	تفسیر قرآن
ناشر	:	تعمیر پبلی کیشنز (حیدرآباد، انڈیا)
سالِ اشاعت	:	۲۰۲۵ء
صفحات	:	۲۴۲

فہرست

۲۹۔ سورۃ العنکبوت 9

۳۰۔ سورۃ الروم 12

۳۱۔ سورۃ لقمان 15

۳۲۔ سورۃ السجدہ 19

۳۳۔ سورۃ الأحزاب 22

۳۴۔ سورۃ سبا 36

۳۵۔ سورۃ فاطر 41

۳۶۔ سورۃ یٰس 46

۳۷۔ سورۃ الصافات 50

۳۸۔ سورۃ ص 61

1

٣٩- سورة الزمر	67
٤٠- سورة غافر	71
٤١- سورة فصلت	75
٤٢- سورة الشورىٰ	78
٤٣- سورة الزخرف	83
٤٤- سورة الدخان	87
٤٥- سورة الجاثية	91
٤٦- سورة الأحقاف	91
٤٧- سورة محمد	96
٤٨- سورة الفتح	102
٤٩- سورة الحجرات	106
٥٠- سورة ق	110
٥١- سورة الذاريات	113
٥٢- سورة الطور	113
٥٣- سورة النجم	114

٥٤ - سورة القمر	120
٥٥ - سورة الرحمن	122
٥٦ - سورة الواقعة	128
٥٧ - سورة الحديد	133
٥٨ - سورة المجادلة	141
٥٩ - سورة الحشر	145
٦٠ - سورة الممتحنة	151
٦١ - سورة الصف	152
٦٢ - سورة الجمعة	155
٦٣ - سورة المنافقون	158
٦٤ - سورة التغابن	158
٦٥ - سورة الطلاق	160
٦٦ - سورة التحريم	167
٦٧ - سورة الملك	171
٦٨ - سورة القلم	172

٦٩- سورة الحاقة	176
٧٠- سورة المعارج	177
٧١- سورة نوح	178
٧٢- سورة الجن	178
٧٣- سورة المزمل	179
٧٤- سورة المدثر	182
٧٥- سورة القيامة	184
٧٦- سورة الإنسان	186
٧٧- سورة المرسلات	188
٧٨- سورة النبأ	192
٧٩- سورة النازعات	194
٨٠- سورة عبس	196
٨١- سورة التكوير	196
٨٢- سورة الإنفطار	198
٨٣- سورة المطففين	199

٨٤- سورة الإنشقاق	202
٨٥- سورة البروج	204
٨٦- سورة الطارق	205
٨٧- سورة الأعلى	205
٨٨- سورة الغاشية	208
٨٩- سورة الفجر	209
٩٠- سورة البلد	211
٩١- سورة الشمس	212
٩٢- سورة الليل	212
٩٣- سورة الضحى	214
٩٤- سورة ألم نشرح	215
٩٥- سورة التين	217
٩٦- سورة العلق	217
٩٧- سورة القدر	218
٩٨- سورة البينة	221

99- سورة الزلزلة	221
100- سورة العاديات	223
101- سورة القارعة	225
102- سورة التكاثر	225
103- سورة العصر	228
104- سورة الهمزة	228
105- سورة الفيل	228
106- سورة قريش	230
107- سورة الماعون	230
108- سورة الكوثر	232
109- سورة الكافرون	232
110- سورة النصر	233
111- سورة المسد	234
112- سورة الإخلاص	235
113، 114- سورة الفلق وسورة الناس	238

۲۹۔ سورۃ العنکبوت

اِنَّ الصَّلٰوۃَ تَنْھٰی عَنِ الْفَحْشَآءِ وَ الْمُنْکَرِ ؕ

بیشک نماز بے حیائی اور برائی سے روکتی ہے۔

۱۔ طبری نے جامع ۲۰/۹۹ میں لکھا ہے حضرت ابن مسعودؓ فرماتے ہیں رحمت دو عالم صلی اللہ علیہ وآلہ وسلم نے فرمایا

جس نے نماز کی فرمانبرداری نہیں کی اس کی نماز ہی نہیں۔ اور نماز کی اطاعت یہ ہے کہ تم بے حیائی اور برے کاموں سے رک جاؤ۔

۲۔ طبری نے جامع ۲۰/۹۹ میں لکھا ہے حضرت ابن مسعودؓ سے کہا گیا فلاں بندہ بڑا نمازی ہے۔ آپؓ نے فرمایا نماز اسے ہی فائدہ دیتی ہے جو اس کی فرمانبرداری کرتا ہے۔

۳۔ طبری نے جامع ۲۰/۹۹ میں لکھا ہے حضرت ابن مسعودؓ نے فرمایا جب نماز نیکی کا حکم نہ دے اور برائی سے نہ روکے وہ بندہ ایسی نماز کی وجہ سے اللہ تعالیٰ سے دور ہی ہو جاتا ہے۔

اور البتہ اللہ کی یاد بہت بڑی چیز ہے اور اللہ تعالیٰ کا اپنے بندے کو یاد رکھنا بہت بڑی بات ہے اس سے کہ بندہ اپنے رب کو یاد کرتا ہے۔

ا۔ طبری نے جامع ۱۰۰/۲۰ میں لکھا ہے حضرت ابن مسعودؓ نے فرمایا:

وَ لَذِكْرُ اللّٰهِ اَكْبَرُ ؕ وَ اللّٰهُ يَعْلَمُ مَا تَصْنَعُوْنَ ﴿۴۵﴾ وَ لَا تُجَادِلُوْۤا اَهْلَ الْكِتٰبِ اِلَّا بِالَّتِيْ هِيَ اَحْسَنُ ۖۗ

اللہ تعالیٰ کا اپنے بندے کو یاد رکھنا بہت بڑی بات ہے اس سے کہ بندہ اپنے رب کو یاد کرے۔ اور تم مت جھگڑا کرو اہل کتاب سے مگر وہ جو اچھے انداز سے ہو۔

ا۔ طبری نے جامع ۲۱/۴ میں لکھا ہے حضرت ابن مسعودؓ نے فرمایا:

اہل کتاب سے کچھ مت پوچھا کرو کیونکہ وہ خود راہ پر نہیں ہیں تمہیں بھی سیدھی بات نہیں بتائیں گے۔ تم کسی سچی بات کو جھوٹا کہہ دو گے یا کسی غلط بات کی تصدیق کر دو گے۔

بلاشبہ اہل کتاب میں سے کوئی ایسا نہیں جس کے دل میں مال کی لگاوٹ جیسی لگاوٹ نہ ہو جو اسے اس کے دین کی طرف بلاتی ہے۔

وَ مَا كُنْتَ تَتْلُوْا مِنْ قَبْلِهٖ مِنْ كِتٰبٍ وَّ لَا تَخُطُّهٗ بِيَمِيْنِكَ اِذًا لَّارْتَابَ الْمُبْطِلُوْنَ ﴿۴۸﴾

اور آپ نہ پڑھتے تھے اس سے پہلے کوئی کتاب اور نہ اپنے دائیں ہاتھ سے لکھتے تھے اس وقت شک کرتے باطل پرست۔

ا۔ علامہ سیوطی نے الدر ۱۴۸/۵ میں لکھا ہے حضرت ابن مسعودؓ نے فرمایا معلم کائنات صلی اللہ علیہ وآلہ وسلم پڑھتے تھے نہ لکھتے تھے۔

وَ لَئِنْ سَاَلْتَهُمْ مَّنْ خَلَقَ السَّمٰوٰتِ وَ الْاَرْضَ وَ سَخَّرَ الشَّمْسَ وَ الْقَمَرَ لَيَقُوْلُنَّ اللّٰهُ ۚ فَاَنّٰى يُؤْفَكُوْنَ ﴿۶۱﴾

اور اگر تم اس سے سوال کرو کس نے آسمانوں اور زمین کو پیدا کیا اور سورج اور چاند کو کام میں لگا دیا تو وہ ضرور کہیں گے اللہ تعالیٰ نے۔

ا۔ علامہ بغوی نے معالم ۵/۱۶۵ میں لکھا ہے حضرت ابن مسعودؓ نے فرمایا ولئن سالتھم میں ھم سے مراد کفار مکہ ہیں۔

* * *

۳۰۔ سورۃ الروم

الٓمّٓ ﴿۱﴾ غُلِبَتِ الرُّوْمُ ﴿۲﴾ فِیْٓ اَدْنَی الْاَرْضِ وَ هُمْ مِّنْۢ بَعْدِ غَلَبِهِمْ
سَيَغْلِبُوْنَ ﴿۳﴾ فِيْ بِضْعِ سِنِيْنَ ؕ۬ لِلّٰهِ الْاَمْرُ مِنْ قَبْلُ وَ مِنْۢ بَعْدُ ؕ وَ يَوْمَئِذٍ يَّفْرَحُ
الْمُؤْمِنُوْنَ ﴿۴﴾ بِنَصْرِ اللّٰهِ ؕ يَنْصُرُ مَنْ يَّشَآءُ ؕ وَ هُوَ الْعَزِيْزُ الرَّحِيْمُ ﴿۵﴾ وَعْدَ اللّٰهِ ؕ
لَا يُخْلِفُ اللّٰهُ وَعْدَهٗ وَ لٰكِنَّ اَكْثَرَ النَّاسِ لَا يَعْلَمُوْنَ ﴿۶﴾

الم ۔ اہل روم مغلوب ہو گئے حجاز کے متصل ملک میں اور وہ اہل روم اپنے مغلوب ہونے کے عنقریب بعد غالب ہوں گے ۔ چند برسوں میں اور اللہ تعالیٰ کو اختیار ہے ہر چیز سے پہلے اور ہر چیز کے بعد بھی اس دن مسلمان بہت خوش ہوں گے غلبہ اللہ تعالیٰ کی مدد سے ہوتا ہے وہ جس کی چاہتا ہے مدد کرتا ہے اور وہ بڑا زبردست نہایت رحم والا ہے اللہ تعالیٰ نے وعدہ کیا وہ اپنے وعدے کے خلاف نہیں کرتا لیکن اکثر لوگ اس بات کو نہیں جانتے ۔

۱ ۔ طبری نے جامع ۱۲/ ۲۱ میں لکھا ہے حضرت ابن مسعودؓ نے فرمایا الم ۔ غلبت الروم والی پیشگوئی پوری ہو چکی ہے ۔

۲ ۔ طبری نے جامع ۱۴-۱۵/ ۲۱ میں لکھا ہے حضرت ابن مسعودؓ نے فرمایا فارس غالب تھا روم پر اور مشرکین مکہ پسند کرتے تھے کہ فارس روم پر غالب رہے جبکہ مسلمان پسند کرتے

تھے کہ روم فارس پر غالب آجائے کیونکہ وہ اہلِ کتاب تھے اور مسلمانوں کے دین کے قریب تر تھے۔

جب یہ آیت مبارکہ (الم، غلبت الروم سے فی بضع سنین تک) نازل ہوئیں تو کفار مکہ نے حضرت سیدنا صدیق اکبرؓ سے کہا تھا تمہارے آقا صلی اللہ علیہ وآلہٖ وسلم کہتے ہیں روم چند برسوں میں فارس پر غالب آجائے گا۔ حضرت سیدنا صدیق اکبرؓ نے فرمایا میرے آقا نے سچ فرمایا ہے۔

انہوں نے کہا:

سات برس بیت گئے مگر ہوا کچھ نہیں۔ مشرکین مکہ بڑے خوش ہوئے اور مسلمان بہت پریشان ہو گئے تو انہوں نے آقا صلی اللہ علیہ وآلہٖ وسلم سے تذکرہ کیا۔ آپ صلی اللہ علیہ وآلہٖ وسلم نے دریافت فرمایا تمہارے ہاں چند کا لفظ کتنے عدد کے لیے بولا جاتا ہے؟

صحابہؓ نے عرض کیا دس سے کم کے عدد پر آپ صلی اللہ علیہ وآلہٖ وسلم نے فرمایا جاؤ اور ان سے مزید دو سال کے اضافہ کی بات کرو۔

حضرت ابن مسعودؓ فرماتے ہیں ابھی دو سال پورے نہیں ہوئے تھے کہ کچھ سوار فارس پر روم کے غلبہ کی خوشخبری لے کر آ گئے۔ مسلمانوں کو اس سے بے حد خوشی ہوئی اللہ تعالیٰ نے الم، غلبت الروم سے وعد اللہ لا یخلف اللہ وعدہ تک آیات نازل فرمائیں۔

وَ مِنْ اٰیٰتِهٖۤ اَنْ تَقُوْمَ السَّمَآءُ وَ الْاَرْضُ بِاَمْرِهٖ ؕ

اور اس کی قدرت کی علامات میں سے یہ ہے کہ آسمان وزمین اس کے حکم سے کھڑے ہیں۔

علامہ بغوی نے معالم ۱۷۱/۵ میں لکھا ہے حضرت ابن مسعودؓ نے فرمایا زمین و آسمان بغیر کسی ستون کے اللہ کے حکم کی وجہ سے قائم ہیں۔

***

۳۱۔ سورۃ لقمان

وَ مِنَ النَّاسِ مَنْ يَّشْتَرِيْ لَهْوَ الْحَدِيْثِ لِيُضِلَّ عَنْ سَبِيْلِ اللّٰهِ بِغَيْرِ عِلْمٍ ۖ وَّ يَتَّخِذَهَا هُزُوًا ؕ اُولٰٓئِكَ لَهُمْ عَذَابٌ مُّهِيْنٌ ﴿۶﴾

اور بعض لوگ لہو والی بات کو خرید تے ہیں تا کہ اس سے لوگوں کو اللہ تعالیٰ کی راہ سے گمراہ کر لے بلا علم اور اس کا مذاق اڑائے۔

۱۔ طبری نے جامع ۳۹-۴۰/۲۱ میں لکھا ہے حضرت ابن مسعودؓ سے اس آیت مبارکہ کی تفسیر پوچھی گئی تو آپؓ نے تین بار یہ بات فرمائی کہ :

قسم ہے اس ذات کی جس کے سوا کوئی معبود نہیں (لھو الحدیث) سے مراد گانا ہے۔

۲-سیوطی نے الدر ۱۶۰/۵ میں لکھا ہے حضرت ابن مسعودؓ نے من یشتری لھو الحدیث کی تفسیر میں فرمایا اس سے مراد وہ آدمی ہے جو ایسی لونڈی خرید ے جو اسے دن رات گانا سنائے۔

يٰبُنَيَّ اِنَّهَآ اِنْ تَكُ مِثْقَالَ حَبَّةٍ مِّنْ خَرْدَلٍ فَتَكُنْ فِيْ صَخْرَةٍ اَوْ فِي السَّمٰوٰتِ اَوْ فِي الْاَرْضِ يَاْتِ بِهَا اللّٰهُ...

اے بیٹے اگر ہورائی کے دانے کی مقدار کوئی چیز اور وہ ہو چٹان میں یا آسمانوں اور زمین میں اللہ تعالیٰ اس کو لے آئیں گے۔

ا۔ طبری نے جامع ۴۶/۲۱ میں لکھا ہے حضرت ابن عباس، حضرت ابن مسعودؓ اور چند دیگر صحابہ کرام رضوان اللہ اجمعین سے منقول ہے کہ:

اللہ تعالیٰ نے زمین مچھلی پر بنائی گئی اور یہ مچھلی وہی ہے جس کا ذکر قرآن کریم میں یوں آیا ہے ن والقلم۔ ومایسطرون (القلم/۱) اور مچھلی پانی میں ہے اور پانی ایک چٹان پر ہے اور چٹان ایک فرشتے کی پیٹھ پر ہے اور فرشتہ ایک بڑی چٹان پر ہے اور یہ چٹان ہوا میں ہے اور یہی وہ چٹان ہے حضرت لقمانؑ نے جس کا تذکرہ کیا ہے۔ یہ نہ آسمان میں ہے نہ زمین میں۔

وَ لَا تُصَعِّرْ خَدَّكَ لِلنَّاسِ وَ لَا تَمْشِ فِي الْاَرْضِ مَرَحًا ۖ اِنَّ اللّٰهَ لَا يُحِبُّ كُلَّ مُخْتَالٍ فَخُوْرٍ ۝١٨

اور تو لوگوں سے بے رخی نہ کر اور زمین میں اکڑ کر مت چل بیشک اللہ تعالیٰ کسی تکبر کرنے والے اور شیخی مارنے والے کو پسند نہیں کرتا۔

ا۔ امام احمد بن حنبلؒ نے اپنی مسند ۲۹۱؛۲۹۲/۵ میں یہ حدیث پاک نقل فرمائی ہے۔ حضرت ابن مسعودؓ فرماتے ہیں رسالتمآب ﷺ کو دس باتیں ناپسند تھیں۔ بڑھاپے کے آثار ختم کرنا، سونے کی انگوٹھی پہننا، تہبند زمین پر گھسیٹتے ہوئے چلنا، خواہ مخواہ کی زیب و زینت کیے

رکھنا، مادہ تولید کو اس کے مقام سے ہٹ کر گرا دینا، تعویذ لٹکانا، اور معوذات کے علاوہ کسی اور چیز سے دم کرنا۔

وَ لَوْ اَنَّ مَا فِی الْاَرْضِ مِنْ شَجَرَةٍ اَقْلَامٌ وَّ الْبَحْرُ یَمُدُّهٗ مِنْۢ بَعْدِهٖ سَبْعَةُ اَبْحُرٍ مَّا نَفِدَتْ كَلِمٰتُ اللّٰهِ

اور اگر جو کچھ زمین میں درخت ہیں وہ قلمیں بن جاتے اور جو سمندر کی سیاہی ہو اور اس میں سات سمندر سیاہی کے اور ملا دیں تو اللہ تعالیٰ کے کلمات ختم نہ ہوں گے۔

۱۔ علامہ سیوطی نے الدر ۵/۱۶۷ میں لکھا ہے حضرت ابن مسعودؓ فرماتے ہیں حضرت محمد ﷺ نے فرمایا اللہ تعالیٰ جو چاہتے ہیں ارشاد فرماتے ہیں۔ ایک آدمی نے کہا اے محمد! ﷺ آپ کا کیا خیال ہے کہ آپ کو حکمت دی گئی ہے؟ اور قرآن مجید دیا گیا ہے؟ اور توراۃ عطا ہوئی ہے؟ تو اللہ تعالیٰ نے یہ آیات اتار دیں ولو ان مافی الارض من شجرة اقلام والبحر یمده من بعد سبعة ابحر ما نفدت کلمات الله۔۔۔ اس میں اللہ تعالیٰ ارشاد فرما رہے ہیں اللہ تعالیٰ کا علم اس سے بھی زیادہ ہے اور جتنا علم تمہیں دیا گیا ہے وہ تمہارے لحاظ سے بہت بہتر ہوگا مگر وہ میرے نزدیک کم ہے۔

اِنَّ اللّٰهَ عِنْدَهٗ عِلْمُ السَّاعَةِ ۚ وَ یُنَزِّلُ الْغَیْثَ ۚ وَ یَعْلَمُ مَا فِی الْاَرْحَامِ ؕ وَ مَا تَدْرِیْ نَفْسٌ مَّا ذَا تَكْسِبُ غَدًا ؕ وَ مَا تَدْرِیْ نَفْسٌۢ بِاَیِّ اَرْضٍ تَمُوْتُ ؕ اِنَّ اللّٰهَ عَلِیْمٌ خَبِیْرٌ ﴿۳۴﴾

بیشک اللہ تعالیٰ ہی کو قیامت کا علم ہے اور وہی بادلوں کو اتارتا ہے اور ارحام میں جو کچھ ہے اس کو جانتا ہے۔ اور کسی کو معلوم نہیں کہ وہ کل کیا کرے گا اور کسی نفس کو معلوم نہیں کہ اس کی موت کس سر زمین میں ہے بیشک اللہ تعالیٰ علم والے خبر رکھنے والے ہیں۔

۱۔ حضرت امام احمد بن حنبلؒ نے اپنی مسند ۵/۲۴۱ میں لکھا ہے حضرت ابن مسعودؓ نے فرمایا تمہارے آقا ﷺ کو پانچ چیزوں کے علاوہ ہر چیز کی کنجیاں عطا کی گئی تھیں اور وہ پانچ یہ ہیں:

ان اللہ عندہ علم الساعۃ وینزل الغیث و یعلم ما فی الارحام وما تدری نفس ماذا تکسب غدا وماتدری نفس بای ارض تموت ان اللہ علیم خبیر۔

۲۔ ابن کثیرؒ نے اپنی تفسیر ۶/۳۵۸ میں لکھا ہے حضرت ابن مسعودؓ نے فرمایا کہ رسالتمآب ﷺ نے فرمایا:

اللہ تعالیٰ جب کسی بندے کی جان کسی خاص جگہ پر لے جا کر قبض کرنا چاہتا ہے تو بندے کو وہاں کوئی نہ کوئی کام ڈال دیتے ہیں۔

***

۳۲۔ سورۃ السجدہ

ا۔ سیوطی نے الدر ۶/۲۴۷ میں لکھا ہے حضرت ابن مسعودؓ نے فرمایا:

پیغمبر اسلام ﷺ جمعہ کی نماز فجر میں الم تنزیل یعنی سورۃ السجدہ اور تبارک الذی بیدی الملک یعنی سورۃ تبارک تلاوت فرمایا کرتے تھے۔

اِنَّمَا يُؤْمِنُ بِاٰيٰتِنَا الَّذِيْنَ اِذَا ذُكِّرُوْا بِهَا خَرُّوْا سُجَّدًا وَّ سَبَّحُوْا بِحَمْدِ رَبِّهِمْ وَ هُمْ لَا يَسْتَكْبِرُوْنَ ۩ ﴿۱۵﴾ تَتَجَافٰى جُنُوْبُهُمْ عَنِ الْمَضَاجِعِ يَدْعُوْنَ رَبَّهُمْ خَوْفًا وَّ طَمَعًا ۫ وَّ مِمَّا رَزَقْنٰهُمْ يُنْفِقُوْنَ ﴿۱۶﴾ فَلَا تَعْلَمُ نَفْسٌ مَّاۤ اُخْفِيَ لَهُمْ مِّنْ قُرَّةِ اَعْيُنٍ ۚ جَزَآءًۢ بِمَا كَانُوْا يَعْمَلُوْنَ ﴿۱۷﴾

بیشک ہماری آیات پر وہ لوگ ایمان لانے والے ہیں جب ان کو ان آیات کے ذریعے نصیحت کی جاتی ہے تو وہ سجدہ میں گر پڑتے اور اپنے رب کی حمد کے ساتھ تسبیح کرتے ہیں اور وہ تکبر نہیں کرتے ان کے پہلو خواب گاہوں سے الگ رہتے ہیں وہ اپنے رب کو خوف اور طمع سے پکارتے ہیں کسی نفس کو معلوم نہیں کہ ان کے رب نے کیا کیا آنکھوں کی ٹھنڈک ان کے اعمال کے بدلے چھپا رکھی ہے۔

۱۔ امام احمد بن حنبلؒ نے اپنی مسند ۲۲-۲۳/۶ میں یہ حدیث مبارکہ ذکر فرمائی ہے حضرت ابن مسعودؓ فرماتے ہیں رسالتمآب ﷺ نے فرمایا:

دو بندے اللہ تعالیٰ کو بڑے عجیب لگتے ہیں ایک وہ جو اپنے اہل و عیال میں سے بستر چھوڑ کر نماز کی طرف اٹھ کھڑا ہوا۔ اللہ تعالیٰ فرماتے ہیں میرے فرشتو! میرے بندے کو دیکھو اس نے اپنے گھر والوں میں سے اپنا بستر چھوڑا اور نماز کو لپک پڑا ثواب کی امید پر اور عذاب کے خوف سے۔ دوسرا وہ جو جہاد میں شریک ہوا انہیں شکست ہو گئی۔ اسے جہاد سے بھاگنے کی سزا اور پلٹ آنے کی جزا کا علم ہوا تو یہ پلٹ آیا اور ثواب کی امید سے اور عذاب کے خوف سے جام شہادت نوش کر گیا، اللہ تعالیٰ فرماتے ہیں فرشتو! میرے بندے کو دیکھو میرے ثواب کی امید پر اور میرے عذاب کے خوف سے یہ لوٹ آیا اور شہید ہو گیا۔

۲۔ طبری نے جامع ۲۵/۲۱ میں لکھا ہے حضرت ابن مسعودؓ نے فرمایا:

تورات میں یہ لکھا ہوا ہے کہ جن کے پہلو بستروں سے الگ رہتے ہیں ان کے لیے اللہ تعالیٰ کے ذمہ ایسی نعمتیں ہیں جنہیں کسی آنکھ نے دیکھا ہے نہ کسی کان نے کچھ سنا ہے اور نہ ہی کسی دل میں کھٹکتی ہیں۔ قرآن مجید میں ہے فلا تعلم نفس مااخفی لھم من قوت اعین جزاء بما کونوا یعلمون۔

وَ لَنُذِيْقَنَّهُمْ مِّنَ الْعَذَابِ الْاَدْنٰى دُوْنَ الْعَذَابِ الْاَكْبَرِ لَعَلَّهُمْ يَرْجِعُوْنَ ﴿۲۱﴾

اور ہم ضرور ان کو قریبی عذاب بڑے عذاب سے پہلے چکھائیں شاید کہ وہ لوٹ آئیں۔

۱۔ طبری نے جامع ۲۱/۶۹ میں لکھا ہے حضرت ابن مسعودؓ نے فرمایا عذاب ادنی سے مراد بدر کا دن ہے۔

۲۔ امام ابن کثیرؒ نے اپنی تفسیر ۶/۳۷۰ میں لکھا ہے حضرت ابن مسعودؓ نے اس آیت مبارکہ کی تفسیر میں فرمایا کہ قحط کے سال تھے جن کا انہیں سامنا رہا۔

۳؛ طبری نے جامع ۲۱/۷۰ میں لکھا ہے حضرت ابن مسعودؓ نے فرمایا العذاب الاکبر سے مراد قیامت کا دن ہے۔

۴۔ طبری نے جامع ۲۱/۷۰ میں لکھا ہے حضرت ابن مسعودؓ نے فرمایا لعلھم یرجعون کا مطلب ہے وہ توبہ کرلیں۔

***

۳۳۔ سورۃ الأحزاب

وَ اِذْ اَخَذْنَا مِنَ النَّبِيّٖنَ مِيْثَاقَهُمْ ...

اور جب ہم نے انبیاء علیہم السلام سے ان کا پختہ عہد لیا۔

۱۔ علامہ سیوطیؒ نے الدر ۱۸۴/۵ میں لکھا ہے حضرت ابن مسعودؓ فرماتے ہیں رحمت دو عالم صلی اللہ علیہ وآلہ وسلم نے فرمایا:

اللہ تعالیٰ نے جس دن حضرات انبیاء علیہم السلام سے وعدہ لیا تھا اس دن ہر عالم سے یہ وعدہ لیا.

يٰۤاَيُّهَا النَّبِيُّ قُلْ لِّاَزْوَاجِكَ اِنْ كُنْتُنَّ تُرِدْنَ الْحَيٰوةَ الدُّنْيَا وَ زِيْنَتَهَا فَتَعَالَيْنَ اُمَتِّعْكُنَّ وَ اُسَرِّحْكُنَّ سَرَاحًا جَمِيْلًا ﴿۲۸﴾ وَ اِنْ كُنْتُنَّ تُرِدْنَ اللّٰهَ وَ رَسُوْلَهٗ وَ الدَّارَ الْاٰخِرَةَ فَاِنَّ اللّٰهَ اَعَدَّ لِلْمُحْسِنٰتِ مِنْكُنَّ اَجْرًا عَظِيْمًا ﴿۲۹﴾

اے نبی! تم اپنی بیویوں سے کہہ دو اگر تم دنیا کی زندگی چاہتی ہو اور اس کی زینت تو آؤ میں تم کو دوں اور تم کو رخصت کردوں اچھی طرح رخصت کرنا اور اگر تم اللہ اور اس کے رسول اور آخرت کو چاہتی ہو تو اللہ تعالیٰ نے اخلاص برتنے والیوں کے لیے بہت بڑا اجر تیار رکھا ہے۔

۱۔ امام احمد بن حنبلؒ نے اپنی سنن ۱۳۹/۵ میں یہ حدیث شریف ذکر کی ہے حضرت عمر اور حضرت ابن مسعودؓ نے فرمایا اگر وہ خود کو پسند کر لیتی تو ایک بائنہ طلاق ہو جاتی۔

اور ان دونوں حضرات سے یہ بھی مروی ہے کہ طلاق رجعی ہوتی اور اگر وہ اپنے خاوند کو پسند کرتیں تو تب طلاق نہ ہوتی۔

وَ قَرْنَ فِيْ بُيُوْتِكُنَّ وَ لَا تَبَرَّجْنَ تَبَرُّجَ الْجَاهِلِيَّةِ الْاُوْلٰى

اور تم اپنے گھروں میں ٹھہرو اور پہلی جاہلیت کی طرح بن سنور کر مت نکلو۔

۱۔ امام ترمذیؒ نے اپنی سنن ۱۲۲/۵ میں یہ حدیث شریف نقل فرمائی ہے۔

حضرت ابن مسعودؓ فرماتے ہیں معلم کائنات نے فرمایا عورت سراسر ڈھانپنے کی چیز ہے۔ یہ جب گھر سے باہر نکلے گی تو شیطان اسے تاڑے گا۔

۲۔ سیوطی نے الر۱۹۶-۱۹۷/۵ میں لکھا ہے حضرت ابن مسعودؓ نے فرمایا:

لوگو! عورتوں کو گھروں میں روکے رکھو کیونکہ عورت چھپانے کی چیز ہے۔ بلاشبہ عورت جب گھر سے باہر نکلتی ہے تو شیطان اسے تاڑتا ہے اور اسے کہتا ہے تو جس کے پاس سے بھی گزرتی ہے وہ تجھے پسند کرنے لگتا ہے۔

...وَ تُخْفِيْ فِيْ نَفْسِكَ مَا اللّٰهُ مُبْدِيْهِ وَ تَخْشَى النَّاسَ ۚ وَ اللّٰهُ اَحَقُّ اَنْ تَخْشٰىهُ ؕ ...

اور تم چھپاتے تھے اپنے دل میں جس کو اللہ تعالیٰ ظاہر کرنے والے تھے اور تم لوگوں سے ڈرتے تھے حالانکہ اللہ تعالیٰ زیادہ حقدار ہیں کہ اس سے ڈرا جائے۔

ا۔ علامہ بغوی نے معالم ۵/۲۱۵ میں لکھا ہے۔

حضرت عمر اور حضرت ابن مسعودؓ اور حضرت عائشہؓ نے فرمایا:

رسالتمآب صلی اللہ علیہ وآلہ وسلم کے لیے اس آیت مبارکہ سے سخت کوئی اور آیت نہیں اتری۔

يٰۤاَيُّهَا الَّذِيْنَ اٰمَنُوا اذْكُرُوا اللّٰهَ ذِكْرًا كَثِيْرًا ﴿۴۱﴾

اے ایمان والو! اللہ تعالیٰ کو کثرت سے یاد کرو۔

ا۔ علامہ سیوطی نے الدر ۵/۲۰۵ میں لکھا ہے حضرت ھلال بن یسار کہتے ہیں ھمدان کی ایک عورت تسبیح پڑھا کرتی تھی اور اسے کنکریوں یا کھجور کی گٹھلیوں پر شمار کیا کرتی تھی، حضرت ابن مسعودؓ نے اسے فرمایا میں تمہیں اس سے بہتر چیز نہ بتلاؤں؟ تو یوں کہا کر اللہ اکبر کبیرا و سبحان اللہ بکرۃ واصیلا۔

تَحِيَّتُهُمْ يَوْمَ يَلْقَوْنَهٗ سَلٰمٌ ۚۖ وَ اَعَدَّ لَهُمْ اَجْرًا كَرِيْمًا ﴿۴۴﴾

اور ان کا تحفہ جس دن وہ ملیں گے سلام ہوگا اور ان کے اللہ تعالیٰ نے بہت عمدہ اجر تیار کر رکھا ہے۔

ا۔ ابن جوزی نے زاد ۶/۳۹۹ میں لکھا ہے حضرت ابن مسعودؓ نے فرمایا فرشتہ جب مومنوں کی روح قبض کرنے آتا ہے تو اسے کہتا ہے تیرے رب نے تجھے سلام کہا ہے۔

يَآيُّهَا الَّذِيْنَ اٰمَنُوْٓا اِذَا نَكَحْتُمُ الْمُؤْمِنٰتِ ثُمَّ طَلَّقْتُمُوْهُنَّ مِنْ قَبْلِ اَنْ تَمَسُّوْهُنَّ فَمَا لَكُمْ عَلَيْهِنَّ مِنْ عِدَّةٍ تَعْتَدُّوْنَهَا ۚ فَمَتِّعُوْهُنَّ وَ سَرِّحُوْهُنَّ سَرَاحًا جَمِيْلًا ﴿۴۹﴾

اے ایمان والو! جب تم مومنہ عورتوں سے نکاح کرو پھر تم ان کو چھونے سے پہلے طلاق دے دو تو تمہاری طرف سے ان پر عدت نہیں ہے جس کو وہ گزاریں پس ان کو دو اور عزت سے رخصت کرو۔

۱۔ امام موطا امام مالکؒ ۵۸۴ میں ہے حضرت عمر بن خطاب اور حضرت ابن مسعودؓ وغیرہ فرمایا کرتے تھے:

کسی آدمی نے عورت سے نکاح کرنے سے پہلے ہی اسے طلاق دینے کی قسم کھائی پھر گناہ کر بیٹھا تو یہ طلاق اس وقت ہوگی جب وہ نکاح کرے گا۔

۲۔ حضرت امام مالک نے موطا ۵۸۵ میں یہ روایت درج فرمائی ہے کہ انہیں معلوم ہوا ہے کہ حضرت ابن مسعودؓ فرمایا کرتے تھے جب کوئی یوں کہے کہ ہر اس عورت کو طلاق ہے جس سے مین نکاح کروں چونکہ اس نے کسی خاندان یا کسی خاص عورت کا نام نہیں لیا اس لیے طلاق نہیں ہوگی۔

يَآيُّهَا الَّذِيْنَ اٰمَنُوْا لَا تَدْخُلُوْا بُيُوْتَ النَّبِيِّ اِلَّآ اَنْ يُّؤْذَنَ لَكُمْ اِلٰى طَعَامٍ غَيْرَ نٰظِرِيْنَ اِنٰىهُ ۙ وَ لٰكِنْ اِذَا دُعِيْتُمْ فَادْخُلُوْا فَاِذَا طَعِمْتُمْ فَانْتَشِرُوْا وَ لَا مُسْتَاْنِسِيْنَ لِحَدِيْثٍ ؕ اِنَّ ذٰلِكُمْ كَانَ يُؤْذِى النَّبِيَّ فَيَسْتَحْيٖ مِنْكُمْ ۫ وَ اللّٰهُ لَا يَسْتَحْيٖ مِنَ الْحَقِّ ؕ وَ اِذَا

سَاَلْتُمُوْهُنَّ مَتَاعًا فَسْـَٔلُوْهُنَّ مِنْ وَّرَآءِ حِجَابٍ ؕ ذٰلِكُمْ اَطْهَرُ لِقُلُوْبِكُمْ وَ قُلُوْبِهِنَّ ؕ وَ
مَا كَانَ لَكُمْ اَنْ تُؤْذُوْا رَسُوْلَ اللّٰهِ وَ لَاۤ اَنْ تَنْكِحُوْۤا اَزْوَاجَهٗ مِنْۢ بَعْدِهٖۤ اَبَدًا ؕ اِنَّ ذٰلِكُمْ
كَانَ عِنْدَ اللّٰهِ عَظِيْمًا ﴿۵۳﴾

اے ایمان والو! تم مت داخل ہو پیغمبر کے گھروں میں سوائے اس کے کہ تم کو کھانے کے لیے اجازت دی جائے۔ اس کے پکنے کا انتظار کرنے والے مت بنو لیکن جب تم کو دعوت دی جائے تو داخل ہو تو پھر جب کھالو تو اٹھ جاؤ اور باتوں میں دل لگا کر مت بیٹھا کرو یہ بات پیغمبر کو تکلیف دیتی ہے اور وہ تمہارا لحاظ کرتے ہیں اور اللہ تعالیٰ صاف بات میں کسی کا لحاظ نہیں کرتے اور جب تم کو ازواج مطہرات سے کوئی چیز مانگنا ہو تو پردے کے پیچھے سے مانگو یہ طریقہ تمہارے دلوں اور ان کے دلوں کے لیے زیادہ پاکیزہ ہے۔ اور تمہارے لیے مناسب نہیں کہ تم اللہ کے رسول کو ایذا دو اور نہ ان کی بیویوں سے ان کے بعد نکاح کرو کبھی بھی یہ اللہ تعالیٰ کے ہاں بہت بھاری بات ہے۔

۱۔ امام احمد بن حنبلؒ نے مسند ۱۶۷/۶ میں لکھا ہے حضرت ابن مسعودؓ نے فرمایا پردے کے احکامات کے حوالے سے بھی حضرت عمرؓ کو دیگر صحابہ کرامؓ پر فضیلت حاصل ہے۔ حضرت عمر فاروقؓ نے ہی ازواج مطہرات کو پردہ کا کہا تھا۔ حضرت زینبؓ نے فرمایا اے ابن خطاب آپ ہمارے بارے میں غیرت کا اظہار فرمائیں گے جبکہ وحی ہمارے گھروں میں نازل ہوتی ہے۔ تب اللہ تعالیٰ نے یہ آیات نازل فرما دیں (واذا سالتموھن متاعا فاسئلوھن من وراء حجاب)

اِنَّ اللّٰهَ وَ مَلٰٓئِكَتَهٗ يُصَلُّوْنَ عَلَى النَّبِيِّ ؕ يٰٓاَيُّهَا الَّذِيْنَ اٰمَنُوْا صَلُّوْا عَلَيْهِ وَ سَلِّمُوْا تَسْلِيْمًا ﴿۵۶﴾

بیشک اللہ تعالیٰ اور اس کے فرشتے نبی پر رحمت بھیجتے ہیں اے ایمان والو تم بھی ان پر درود اور خوب سلام بھیجا کرو۔

۱۔ امام ترمذیؒ نے اپنی سنن ۲۶۹--۲۷۰/۲ میں لکھا ہے حضرت ابن مسعودؓ فرماتے ہیں محبوب خدا صلی اللہ علیہ وآلہٖ وسلم نے فرمایا قیامت کے دن میرے قرب کا زیادہ حقدار وہ ہوگا جس نے مجھ پر درود شریف زیادہ پڑھا ہوگا۔

۲۔ امام ابن ماجہؒ نے اپنی سنن ۲۹۳/۲۹۴ میں یہ روایت درج فرمائی ہے حضرت ابن مسعودؓ نے فرمایا:

جب تم رحمت کائنات صلی اللہ علیہ وآلہٖ وسلم پر درود پڑھو تو عمدگی سے درود شریف پڑھو کیونکہ تمہیں پتہ نہیں شاید یہ آپ صلی اللہ علیہ وآلہٖ وسلم پر پیش کیا جائے گا۔ تو لوگوں نے عرض کیا کہ پھر ہمیں سکھا دیجیے۔
حضرت ابن مسعودؓ نے فرمایا یوں پڑھا کرو:
اللھم اجعل صلاتک ورحمتک وبرکاتک علی سید المرسلین و امام المتقین وخاتم النبیین، محمد عبدک ورسولک۔ امام الخیر۔ وقائد الخیر ورسول الرحمۃ، اللھم ابعثہ مقاما محمودا اللھم صلی علی محمد وعلی ال محمد کما صلیت علی ابراھیم وعلی ال ابراھیم انک حمید مجید۔

۳۔ علامہ سیوطی نے الر ۲۱۹/۵ میں لکھا ہے حضرت ابن مسعودؓ فرماتے ہیں ہم نے عرض کیا اے اللہ کے رسول ﷺ ہمیں یہ تو معلوم ہو گیا کہ آپ کو سلام کیسے کرنا ہے اب یہ بھی فرما دیجیے کہ ہم آپ پر درود شریف کیسے پڑھیں۔

آپ صلی علیہ وسلم نے فرمایا یوں کہو!

اللھم صل علی محمد وابلغہ درجۃ الوسیلۃ من الجنۃ، اللہم اجعل فی المصطفین محبتہ، وفی المقربین مودتہ، وفی علیین ذکاہ وادارہ والسلام علیک ورحمتک اللہ وبرکاتہ۔

اللھم صلی علی محمد وعلی ال محمد کما صلیت علی ابراھیم وعلی ال ابراھیم انک حمید مجید، وبارک علی محمد وعلی ال محمد۔

۴۔ حاکم نے مستدرک ۲۶۹/۱ میں لکھا ہے حضرت ابن مسعودؓ فرماتے ہیں رحمت کائنات ﷺ نے فرمایا:

جب کوئی تسبیح پڑھے تو یوں کہے۔

اللھم صلی علی محمد وعلی ال محمد وبارک علی محمد وعلی ال محمد وارحم محمد وال محمد کما صلیت وبارکت وترحمت علی ابراھیم وعلی ال ابراھیم انک حمید مجید۔

۵۔ حاکم نے مستدرک ۲۶۸/۱ میں لکھا ہے حضرت علقمہ فرماتے ہیں حضرت ابن مسعودؓ نے فرمایا:

آدمی تشہد پڑھے پھر رحمت کائنات ﷺ پر درود شریف پڑھے اور پھر اپنے لیے دعا مانگے۔

۶۔ امام ابن کثیرؒ نے اپنی تفسیر ۴۶۲/۶ میں لکھا ہے حضرت علقمہ فرماتے ہیں حضرت ابن مسعود، حضرت ابو موسیٰ اور حضرت ابو حذیفہؓ تشریف فرما تھے کہ عید سے ایک دن پہلے ولید بن عقبہ حاضر خدمت ہوا اور پوچھا عید آگئی ہے ہم تکبیر کیسے کہیں؟ حضرت ابن مسعودؓ نے فرمایا:

(نماز عید) اسی تکبیر سے شروع کرو جس سے عام نماز شروع کرتے ہو پھر حمد و ثنا پڑھو پھر درود شریف پڑھو پھر دعا مانگو اور تکبیر کہو اور یہ سارے کام کرو۔ پھر تکبیر کہو اور یہ سارے کام کرو۔ پھر قرات کرو پھر تکبیر کہہ کر رکوع کرو پھر (دوسری رکعت) کے لیے کھڑے ہو جاؤ قرات کرو حمد و ثنا کرو درود شریف پڑھو پھر دعا کرو اور تکبیر کہہ کر یہ سارے کام کرو پھر رکوع میں چلے جاؤ۔

۷۔ سیوطی نے الدر ۲۱۹/۵ میں لکھا ہے حضرت ابن مسعودؓ نے فرمایا اے زید بن وھب! جب جمعہ کا دن ہو تو ہزار مرتبہ درود شریف پڑھنے کا موقع ہاتھ سے نہ جانے دینا اور یوں کہا کرنا؛

اللھم صلی علی النبی الامی۔

۸۔ امام احمد بن حنبلؒ نے اپنی مسند ۱۵۴/۶ مین یہ حدیث مبارکہ نقل فرمائی ہے حضرت ابن مسعودؓ فرماتے ہیں رسالتمآب صلی اللہ علیہ وآلہ وسلم نے فرمایا:

بلاشبہ اللہ تعالیٰ کے کچھ فرشتے زمین پر چلتے پھرتے ہیں جو میری امت کے سلام مجھے پہنچاتے ہیں۔

يٰٓاَيُّهَا النَّبِيُّ قُلْ لِّاَزْوَاجِكَ وَ بَنٰتِكَ وَ نِسَآءِ الْمُؤْمِنِيْنَ يُدْنِيْنَ عَلَيْهِنَّ مِنْ جَلَابِيْبِهِنَّ

اے پیغمبر اپنی بیویوں اور بیٹیوں اور ایمان والوں کی عورتوں سے کہہ دو کہ وہ اپنی چادریں اوڑھ کر اوپر سے ذرا لٹکا لیا کریں۔

ا۔ سیوطی نے الدر ۲۲۲/۵ میں لکھا ہے حضرت ابن مسعودؓ نے اس آیت کریمہ کی تفسیر میں فرمایا کہ جلابیبھن سے مراد بڑی چادر ہے۔

يٰٓاَيُّهَا الَّذِيْنَ اٰمَنُوْا لَا تَكُوْنُوْا كَالَّذِيْنَ اٰذَوْا مُوْسٰى فَبَرَّاَهُ اللّٰهُ مِمَّا قَالُوْا ؕ وَ كَانَ عِنْدَ اللّٰهِ وَجِيْهًا ؕ﴿۶۹﴾

اے ایمان والو! تم ان لوگوں کی طرح مت بنو جنہوں نے موسیٰؑ کو دکھ دیا پس اللہ تعالیٰ نے ان کو اس بات سے بری کر دیا۔

ا۔ امام احمد بن حنبلؒ نے اپنی مسند ۲۱۶/۵ میں یہ حدیث پاک نقل فرمائی ہے حضرت ابن مسعودؓ فرماتے ہیں رسالتمآب ﷺ نے ایک دن کچھ مال تقسیم فرمایا تو انصار سے تعلق رکھنے والے ایک آدمی نے کہا بلاشبہ یہ ایسی تقسیم ہے جس سے اللہ تعالیٰ کی رضا مقصود نہیں تھی۔

حضرت ابن مسعودؓ فرماتے ہیں میں نے اس سے کہا اللہ کے دشمن! میں یہ بات نبی کریم ﷺ کو ضرور بتاؤں گا۔ چنانچہ میں نے آپ ﷺ سے یہ بات کہہ دی تو آپ ﷺ کا چہرہ مبارک سرخ ہو گیا۔ آپ ﷺ نے فرمایا حضرت موسیٰؑ پر اللہ کی رحمت ہو انہیں اس سے زیادہ ستایا گیا تب بھی انہوں نے صبر فرمایا؛

۲۔ حاکم نے مستدرک ۵۷۸-۵۷۹/۲ میں لکھا ہے حضرت ابن مسعودؓ اور دیگر چند صحابہ کرامؓ سے روایت ہے :

اللہ تعالیٰ نے موسیٰؑ کو وحی کی کہ میں حضرت ہارونؑ کو موت سے ہمکنار کرنا چاہتا ہوں انہیں فلاں پہاڑ پر لے آئیں چنانچہ حضرت موسیٰؑ اور حضرت ہارونؑ اس پہاڑ کی طرف چل دیے اچانک وہ ایک درخت کے پاس تھے پھر وہ ایک بنے بنائے گھر میں تھے۔ اس گھر میں ایک چارپائی تھی جس پر بستر بچھا تھا اس سے بہت اچھی خوشبو آرہی تھی۔ حضرت ہارونؑ نے جب یہ گھر یہ درخت اور یہ تمام عجیب چیزیں دیکھیں تو فرمایا اے موسیٰ! میں اس چارپائی پر سونا چاہتا ہوں۔ حضرت موسیٰؑ نے فرمایا سو جائیں۔ حضرت ہارونؑ نے فرمایا مجھے ڈر ہے کہ اس گھر کا مالک آکر مجھ سے ناراض نہ ہو۔ حضرت موسیٰؑ نے فرمایا مت گھبرائیں۔ میں اس گھر کے مالک کو سمجھ لوں گا آپ سو جائیں۔ حضرت ہارونؑ نے فرمایا آپ بھی میرے ساتھ سو جائیں تاکہ اگر گھر کا مالک آجائے تو مجھ پر اور آپ پر دونوں پر ناراض ہو۔

جب دونوں پیغمبر سو گئے تو حضرت ہارونؑ کو موت آگئی (آپ کو جب موت کا احساس ہوا تو حضرت موسیٰؑ سے فرمایا کہ آپ نے مجھ سے واضح بات نہیں کی)

جب حضرت ہارونؑ وفات پا گئے تو یہ گھر اٹھالیا گیا یہ درخت بھی غائب ہو گیا اور چارپائی آسمان کی طرف اٹھالی گئی۔

حضرت موسیٰؑ جب حضرت ہارونؑ کے بغیر بنی اسرائیل کے پاس واپس آئے تو بنی اسرائیل نے کہا حضرت موسیٰؑ نے حضرت ہارونؑ کو قتل کر دیا ہے اور بنی اسرائیل کی

حضرت ہارونؑ سے محبت پر حسد کیا ہے اصل میں حضرت ہارونؑ بنی اسرائیل سے بڑی محبت اور نرمی کا برتاؤ فرماتے تھے بنسبت حضرت موسیٰؑ کے کہ آپؑ ان پر قدرے سختی فرماتے تھے۔

جب بنی اسرائیل کی یہ بات حضرت موسیٰؑ کو پہنچی تو آپ نے فرمایا تم پر بے حد افسوس ہے حضرت ہارونؑ تو میرے بھائی ہیں تمہارا کیا خیال ہے میں اسے قتل کروں گا۔

لیکن بنی اسرائیل نے حضرت موسیٰؑ سے باربار یہی بات کی تو حضرت موسیٰؑ نے دو رکعت نفل پڑھے اور دعا فرمائی اللہ تعالیٰ نے فرشتوں کو وہ چارپائی دے کر بھیجا۔ بنی اسرائیل نے وہ چارپائی زمین و آسمان کے درمیان دیکھی تب جا کے تصدیق کی۔

اِنَّا عَرَضْنَا الْاَمَانَةَ عَلَى السَّمٰوٰتِ وَ الْاَرْضِ وَ الْجِبَالِ فَاَبَيْنَ اَنْ يَّحْمِلْنَهَا وَ اَشْفَقْنَ مِنْهَا وَ حَمَلَهَا الْاِنْسَانُ ؕ اِنَّهٗ كَانَ ظَلُوْمًا جَهُوْلًا ﴿۷۲﴾

بے شک ہم نے آسمان وزمین اور پہاڑوں پر امانت کو پیش کیا اور انہوں نے اس کو اٹھانے سے انکار کر دیا اور وہ اس سے ڈر گئے اور اس کو انسان نے اٹھا لیا بیشک وہ بڑا ظالم اور جاہل ہے۔

ا۔ طبری نے جامع ۴۰-۴۱/۲۲ میں ذکر کیا ہے حضرت ابن عباس، حضرت ابن مسعودؓ اور چند دیگر صحابہ کرامؓ نے فرمایا:

اللہ تعالیٰ نے حضرت آدمؑ سے فرمایا آپ جانتے ہیں کہ زمین پر میرا ایک گھر ہے؟ حضرت آدمؑ نے عرض کیا اے اللہ! میں نہیں جانتا۔ اللہ تعالیٰ نے فرمایا مکہ مکرمہ میں میرا ایک گھر

ہے وہاں چلے جائیں۔ حضرت آدمؑ نے آسمان سے فرمایا میرے بچے کی پوری امانت داری سے حفاظت کرنا۔ آسمان نے انکار کردیا۔ آپؑ نے زمین سے یہی بات فرمائی اس نے بھی انکار کردیا۔ آپؑ نے پہاڑ سے بھی یہی فرمایا اس نے بھی انکار کردیا۔ آپؑ نے قابیل سے یہی بات فرمائی تو انہوں نے کہا میں حفاظت کروں گا۔ آپ تشریف لے جائیں جب واپس لوٹیں گے تو اپنی اہل و عیال کو ایسی حالت میں پائیں گے کہ آپ کو اچھی لگے گی۔

چنانچہ حضرت آدمؑ جب واپس تشریف لائے تو دیکھا کہ ان کے بیٹے کو اس کے بھائی نے قتل کردیا ہے۔ اس واقعہ کے متعلق اللہ تعالیٰ نے یہ آیت مبارکہ انا عرضنا الامانۃ علی السموات والارض والجبال سے آخر آیت انہ کان ظلوما جھولا، نازل فرمائی۔

اس سے مراد قابیل ہے اس نے حضرت آدمؑ کی امانت اٹھالی مگر ان کے گھر والوں کی حفاظت نہ کی۔

۲۔ قرطبی نے احکام ۱۴/۲۵۷ میں لکھا ہے حضرت ابن مسعودؓ نے فرمایا اللہ تعالیٰ نے جب امانت تخلیق فرمائی تو اسے ایک چٹان کی شکل دی اور ایک جگہ رکھ دیا پھر آسمان، زمین اور پہاڑوں کو دعوت دی کہ اسے اٹھائیں اور انہیں فرمایا کہ یہ امانت ہے اس کے حوالے سے ثواب بھی ملے گا اور سزا بھی ملے گی۔

انہوں نے کہا پروردگار! اسے اٹھانا ہمارے بس کی بات نہیں۔ جب کہ انسان نے اسے اٹھانا قبول کرلیا قبل اس کے کہ اسے دعوت دی جاتی۔ انسان نے آسمانوں، زمین اور پہاڑ

سے پوچھا کہ تم کیوں کھڑے ہو؟ انہوں نے بتایا کہ ہمارے پروردگار نے ہمیں بلایا ہے کہ ہم یہ امانت اٹھائیں لیکن ہم ڈر گئے ہیں ہمارے بس کا کام نہیں۔

انسان نے اسے ہاتھ سے حرکت دی تو کہنے لگا قسم بخدا میں چاہوں تو اسے اٹھا سکتا ہوں پھر اسے اٹھایا تو اپنے گھٹنوں تک لے جا اس کا اور رکھ دیا اور کہنے لگا قسم بخدا میں چاہوں تو اس سے بھی اوپر لے جا سکتا ہوں۔ انہوں نے کہا کر کے دکھا چنانچہ اس نے پھر اسے اٹھایا اور اپنی کوکھ تک لے گیا اور نیچے رکھ دیا اور کہنے لگا اللہ کی قسم میں چاہوں تو اس سے بھی اوپر لے جا سکتا ہوں۔ انہوں نے کہا پھر کر ہمت!

انسان نے پھر اسے اٹھایا اور گردن تک لے گیا پھر جیسے ہی نیچے رکھنے کا ارادہ کیا تو انہوں نے کہا ذرا رک یہ امانت ہے، اس کے حوالے سے ثواب بھی ملنا ہے اور عذاب بھی، ہمیں ہمارے پروردگار نے اسے اٹھانے کا حکم دیا تو ہم ڈر گئے مگر تو نے بغیر اس کے کہ تجھے دعوت دی جاتی اسے اٹھا لیا اب یہ تیری گردن اور تیری اولاد کی گردن میں رہے گی۔ بلاشبہ تو ظلوم و جہول ہے۔

۳۔ طبری نے جامع ۴۰/۲۳ مین لکھا ہے حضرت ابن مسعودؓ روایت فرماتے ہیں سر کار دو عالم ﷺ نے فرمایا اللہ کے رستے میں شہادت ہر گناہ کے لیے کفارہ ہے یا یوں فرمایا کہ ہر چیز کے لیے کفارہ ہے سوائے امانت کے، امانت والا لایا جائے گا اور اسے کہا جائے گا امانت کو ادا کر وہ کہے گا پروردگار! وہ تو دنیا میں ہی ختم ہو گئی تھی۔۔ تین بار یہ کہا جائے گا۔۔ پھر حکم ہو گا اسے ہاویہ میں لے جاؤ۔ اسے لے جایا جائے گا اور ہاویہ میں پھینک دیا جائے گا۔

یہ ہاویہ کے نچلے حصے میں پہنچے گا تو امانت اسے وہاں مل جائے گی۔ یہ اسے اٹھا لے گا اور جہنم کے کنارے تک لے آئے گا۔ جب اسے محسوس ہوگا کہ اب وہ باہر نکلنے والا ہے تو وہ اس کے ہاتھوں سے پھسل جائے گی پھر یہ بھی ہمیشہ ہمیشہ کے لیے اس کے پیچھے چلا جاتا رہے گا۔

علماء کرام نے فرمایا کہ نماز میں بھی امانت ہے، روزہ میں بھی امانت ہے، وضو میں بھی امانت ہے اور حدیث کے پہنچانے میں بھی امانت ہے۔ اور سب سے سخت چیز وہ جو امانت میں رکھی جاتی ہیں۔

***

۳۴۔ سورۃ سبا

اِعْمَلُوْٓا اٰلَ دَاوٗدَ شُكْرًا

اے آل داوٗد شکر ادا کرو۔

ا۔ علامہ سیوطی نے الدر ۵/۲۲۹ میں لکھا ہے حضرت ابن مسعودؓ نے فرمایا:

آل داوٗد کو یہ جو حکم ہوا ہے کہ اعلمو ال داؤد شکرا تو اس کی وجہ ہے کہ اب لوگوں پر کوئی لمحہ ایسا نہیں آتا جب ان میں سے کوئی نہ کوئی نماز ادا نہ کر رہا ہو۔

فَلَمَّا قَضَيْنَا عَلَيْهِ الْمَوْتَ مَا دَلَّهُمْ عَلٰى مَوْتِهٖٓ اِلَّا دَآبَّةُ الْاَرْضِ تَاْكُلُ مِنْسَاَتَهٗ ۚ فَلَمَّا خَرَّ تَبَيَّنَتِ الْجِنُّ اَنْ لَّوْ كَانُوْا يَعْلَمُوْنَ الْغَيْبَ مَا لَبِثُوْا فِي الْعَذَابِ الْمُهِيْنِ ﴿۱۴﴾

پس جب ہم نے ان پر موت کا فیصلہ کیا تو ان کی موت کے متعلق کسی کو اطلاع نہیں دی سوائے دیمک کے کیڑے کے جو ان کی لاٹھی کھا رہا تھا پس جب ان کا جسم گر پڑا تو جنات کو واضح معلوم ہو گیا کہ اگر وہ غیب دان ہوتے تو اس ذلت آمیز عذاب میں نہ پڑے رہتے۔

ا۔ طبری نے جامع ۲۲/۵۱-۵۲ میں لکھا ہے حضرت ابن عباس، حضرت ابن مسعودؓ اور چند دیگر صحابہ کرامؓ اجمعین نے فرمایا:

حضرت سلیمانؑ کبھی ایک سال کبھی دو سال کبھی ایک ماہ کبھی دو ماہ یا اس سے کم عرصہ کے لیے بیت المقدس میں خلوت اختیار فرمایا کرتے تھے۔ آپؑ اپنا کھانا پینا ساتھ لے جاتے، جس باری میں آپؑ فوت ہوئے اس میں بھی اپنا کھانا ساتھ لے گئے تھے۔

وہاں یہ ہوتا کہ ہر روز صبح ہونے سے پہلے بیت المقدس مین کوئی نہ کوئی پودا اگ آتا۔ آپؑ اس سے دریافت فرماتے کہ تیرا نام کیا ہے؟ پودا بتاتا کہ میرا نام یہ ہے۔ آپؑ اس سے دریافت فرماتے کہ تو کس فائدہ کے لیے پیدا کیا گیا ہے؟ پودا بتاتا کہ مجھے فلاں کام کے لیے پیدا کیا گیا ہے۔

چنانچہ آپؑ حکم فرماتے تو اسے کاٹ دیا جاتا پھر اگر وہ کہیں لگانے کے لیے ہوتا تو لگا دیتے، اور اگر وہ کسی دوائی کے لیے پیدا کیا گیا ہوتا تو بتا دیتا کہ میں فلاں دوائی کے لیے پیدا کیا گیا ہوں۔ حضرت سلیمانؑ اسے اس کام کے لیے رکھوا دیتے، ایک دن ایک پودا اگا جس کا نام خروبہ ہے۔ آپؑ نے اس سے دریافت فرمایا تیرا نام کیا ہے؟ اس نے کہا میں خروبہ ہوں۔ آپؑ نے فرمایا تجھے کس کام کے لیے پیدا فرمایا گیا ہے؟ اس نے کہا اس مسجد کی ویرانی کے لیے، حضرت سلیمانؑ نے فرمایا میرے جیتے جی اللہ تعالیٰ اسے ویران نہیں ہونے دے گا۔ تیرے ماتھے پر میرا انجام اور بیت المقدس کی ویرانی لکھی ہے۔ پھر اسے اکھڑوایا اور اپنی دیوار کے ساتھ لگوا دیا۔

اس کے بعد محراب میں تشریف لے گئے اور اپنی لاٹھی پر ٹیک لگا کر نماز ادا فرمانے لگے۔ وہیں اللہ کو پیارے ہو گئے۔ جنوں کو کانوں کان خبر نہ ہوئی حالانکہ وہ بھی اس محراب میں

تھے۔ جن وہاں آپؑ کے حکم پر کام میں لگے ہوئے تھے اور ڈرتے رہے کہ کہیں آپ باہر نکل کر ان کو سزا نہ دیں۔ جن محراب کے ارد گرد جمع ہوجاتے تھے محراب کے سامنے اور پیچھے روزن تھے۔ جو جن الگ ہونا چاہتا کہتا اگر میں داخل ہوگیا اور دوسری طرف سے نکل گیا، چنانچہ وہ داخل ہوتا اور دوسری طرف سے نکل جاتا۔ ان میں سے ایک سرکش جن داخل ہوا اور گزر گیا جبکہ کوئی بھی جن ایسا نہ تھا کہ اس نے حضرت سلیمانؑ کو دیکھا ہو اور جل کر خاک نہ ہوگیا ہو لیکن یہ گزر گیا اور اس نے حضرت سلیمانؑ کی آواز نہ سنی یہ دوسری بار گیا تب بھی آواز نہ سنی۔ پھر واپس گیا اور بیت المقدس میں کھڑا رہا لیکن جلا نہیں۔ اس نے حضرت سلیمانؑ کی طرف دیکھا کہ آپؑ حالت وفات میں زمین پر آرام کر رہے ہیں یہ باہر نکلا اور لوگوں کو بتا دیا کہ حضرت سلیمانؑ اللہ کو پیارے ہو گئے ہیں۔

لوگوں نے محراب کھولی اور حضرت سلیمانؑ کو باہر نکالا، لوگوں نے دیکھا کہ آپؑ کی لاٹھی جسے حبشہ کی زبان میں منساۃ کہتے ہیں کو دیمک کھا چکی ہے۔ لوگوں کو یہ معلوم نہ ہو سکا کہ آپؑ کی وفات کو کتنا عرصہ ہو چکا ہے۔ انہوں نے دیمک لاٹھی پر رکھی دیمک نے ایک دن رات میں جتنا حصہ کھایا لوگوں نے اس کی بنیاد پر حساب کیا تو پتہ چلا آپ کو دنیا سے سدھارے ایک سال بیت چکا ہے۔

یہ آیت مبارکہ حضرت ابن مسعودؓ کی قرات میں یوں ہے فمکثوا یدابون لہ من بعد موتہ صولا (کاملا) ترجمہ جس کا یہ ہے کہ جن آپؑ کی رحلت کے ایک سال کامل تک کام میں جتے رہے۔

اس بات سے لوگوں کو یقین ہو گیا کہ جن جھوٹ بولتے ہیں اگر وہ غیب جانتے ہوتے تو انہیں حضرت سلیمانؑ کی رحلت کا علم ہو جاتا۔ اور سال بھر سے آپ کی طرف سے لگائی گئی تکلیف دہ ذمہ اری ادا نہ کرتے۔

اس واقعہ کو اللہ تعالیٰ یوں بیان فرماتے ہیں

مادلھم علی موتہ الادابۃ الارض تاکل منساتہ فلما خر تبنیت الجن ان لوکانوا یعلمون الغیب ما لبثوا فی العذاب المھین۔ اور نہیں بتلایا گیا ان کی موت کے متعلق کسی کو سوائے دیمک کے جوان کی لاٹھی کو کھا رہا تھا پھر جب جنات کو معلوم ہوا تو کہنے لگے اگر وہ علم غیب رکھتے ہوتے تو ذلت والے عذاب میں بتلا نہ رہتے۔

اللہ تعالیٰ فرماتے ہیں لوگوں پر واضح ہو گیا کہ بلاشبہ جن جھوٹ بولا کرتے تھے۔

پھر جن دیمک سے کہنے لگے اگر تو کھانا کھاتی ہوتی تو ہم عمدہ ترین کھانے حاضر کرتے اور اگر تو پانی پیتی ہوتی تو ہم تمہیں عمدہ ترین پانی پلاتے لیکن اب ہم پانی اور مٹی تمہیں کیا مہیا کریں گے۔ چنانچہ اب بھی یہ دیمک جہاں کہیں ہوتی ہے جن یہ چیزیں اسے پہنچاتے ہیں۔ آپ لکڑی کی خالی ہو جانے والی جگہ پر جو مٹی دیکھتے ہیں وہ یہی تو ہوتی ہے جو جن اسے مہیا کرتے ہیں۔ یوں وہ اس کا شکریہ ادا کرتے ہیں۔

.... حَتّٰٓى اِذَا فُزِّعَ عَنْ قُلُوْبِهِمْ قَالُوْا مَا ذَا ۙ قَالَ رَبُّكُمْ ۭ قَالُوا الْحَقَّ ۚ ....﴿٢٣﴾

یہاں تک کہ جب ان کے دلوں کی گھبراہٹ دور ہوتی ہے تو وہ آپس میں کہتے ہیں تمہارے رب نے کیا فرمایا دوسرے کہتے ہیں حق فرمایا ہے۔

۱۔ امام ابوداؤدؒ نے اپنی سنن ۱۸۰/۲ میں یہ حدیث مبارکہ نقل فرمائی ہے حضرت ابن مسعودؓ فرماتے ہیں رسالتمآب صلی اللہ علیہ وآلہ وسلم نے فرمایا:

جب اللہ تعالیٰ وحی کا کلام فرماتے ہیں تو آسمان والے آسمان میں ایسی آواز سنتے ہیں جیسے چٹان پر زنجیر کھینچنے سے آواز پیدا ہوتی ہے اور بیہوش ہو جاتے ہیں۔ وہ حضرت جبرائیلؑ کے آنے تک بیہوش ہی رہتے ہیں۔ حضرت جبرائیلؑ جب تشریف لاتے ہیں تو ان کی گھبراہٹ دور ہو جاتی ہے۔ وہ پوچھتے ہیں اے جبرائیل! آپ کے پروردگار نے کیا ارشاد فرمایا ہے۔ حضرت جبرائیلؑ کہتے ہیں الحق۔ تو وہ سب بھی کہنے لگ جاتے ہیں الحق الحق۔

۲۔ طبری نے جامع ۶۳-۶۴/۲۲ میں لکھا ہے حضرت ضحاک نے حتی اذا فزع عن قلوبھم کی تفسیر میں فرمایا حضرت ابن مسعودؓ کا خیال یہ ہے کہ فرشتے باری باری زمین پر آتے ہیں اور انسانوں کے اعمال لکھتے ہیں۔ جب اللہ تعالیٰ انہیں بھیجتے ہیں تو یہ نیچے آجاتے ہیں یہ بڑی سخت آواز سنتے ہیں۔ ان کے نیچے والے فرشتے سمجھتے ہیں کہ قیامت واقع ہو گئی ہے چنانچہ وہ سجدہ میں چلے جاتے ہیں۔ ہر دفعہ اللہ تعالیٰ کے خوف کی وجہ سے ان پر یہی حالت طاری ہو جاتی ہے۔

***

۳۵۔ سورۃ فاطر

وَ اللّٰهُ الَّذِیْۤ اَرْسَلَ الرِّیٰحَ فَتُثِیْرُ سَحَابًا فَسُقْنٰهُ اِلٰى بَلَدٍ مَّیِّتٍ فَاَحْیَیْنَا بِهِ الْاَرْضَ بَعْدَ مَوْتِهَا ؕ كَذٰلِكَ النُّشُوْرُ ۝۹

اور اللہ تعالیٰ کی ذات وہ ہے جو ہواؤں کو بھیجتا ہے وہ بادلوں کو پھیلاتی پس ہم بنجر علاقہ کی جانب اس کو پھیر دیتے ہیں اور اس سے بے آباد زمین کو زندہ کرتے ہیں اس کے مر جانے کے بعد اٹھانا بھی اسی طرح ہے۔

۱۔ طبری نے جامع ۷۹/۲۲ میں نقل کیا ہے حضرت ابن مسعودؓ نے فرمایا:

دو نفخوں کے درمیان وہی کچھ ہوگا جو اللہ تعالیٰ چاہیں گے۔ انسان کے جسم کا کچھ حصہ زمین میں باقی رہ گیا ہوگا۔ اللہ تعالیٰ عرش کے نیچے سے مرد کے مادہ تولید جیسا پانی بھیجیں گے جس سے انسانوں کے جسم اور گوشت پیدا ہو جائیں گے جیسا کہ تر زمین سے درخت اگ آتا ہے۔

پھر حضرت مسعودؓ نے یہ آیت مبارکہ واللہ الذی یرسل الریاح فتثیر سحابا فسقناہ الی بلد میت سے کذلک النور تک تلاوت فرمائی۔ اور ارشاد فرمایا پھر فرشتہ صور لے کر آسمان و زمین کے درمیان کھڑا ہو جائے گا اور اس مین پھونک مارے گا جس سے ہر روح اپنے جسم کی طرف چل پڑے گی اور اس میں داخل ہو جائے گی۔

...اِلَيْهِ يَصْعَدُ الْكَلِمُ الطَّيِّبُ وَ الْعَمَلُ الصَّالِحُ يَرْفَعُهٗ ؕ

اور پاکیزہ کلمات اللہ تعالیٰ کی طرف چڑھتے ہیں اور نیک اعمال کو وہ بلند کرتا ہے۔

ا۔ طبری نے جامع ۲۲/۸۰ میں ذکر کیا ہے حضرت ابن مسعودؓ نے فرمایا ہم جب کوئی حدیث مبارکہ تم سے بیان کرتے ہیں تو اللہ کی کتاب سے اس کی تصدیق بھی تمہارے سامنے لاتے ہیں۔

بندہ مومن جب یہ کلمات سبحان اللہ وبحمدہ والحمد للہ ولا الہ الا اللہ واللہ اکبر تبارک اللہ پڑھتا ہے تو ایک فرشتہ انہیں لے کر اپنے پروں کے نیچے رکھ لیتا ہے۔ پھر انہیں ساتھ لے کر آسمان کی طرف چڑھ جاتا ہے۔ وہ انہیں فرشتوں کے جس گروہ کے پاس سے گزرتا ہے وہ گروہ ان کلمات کے کہنے والوں کے لیے اللہ تعالیٰ سے مغفرت مانگتے ہیں حتیٰ کہ وہ فرشتہ ان کلمات سمیت بارگاہ ایزدی میں حاضر ہو جاتا ہے۔ یہ بتا کر حضرت ابن مسعودؓ نے یہ آیت مبارکہ تلاوت فرمائی:

الیہ یصعدالکلم الطیب والعمل الصالح یرفعہ۔۔۔

اِنَّمَا یَخْشَی اللّٰهَ مِنْ عِبَادِهِ الْعُلَمٰٓؤُا ؕ

بیشک اللہ تعالیٰ سے وہی اس کے بندوں میں سے ڈرتے ہیں جو اس کی قدرت و عظمت کا علم رکھتے ہیں۔

۱۔ قرطبی نے احکام ۱۴/۳۴۳ میں لکھا ہے حضرت ابن مسعودؓ نے فرمایا اللہ تعالیٰ کی خشیت علم سے ہی ملتی ہے اور جہالت ہی غرور اور دھوکے کا سبب ہے۔

۲۔ ابن کثیرؒ نے اپنی تفسیر ۶/۵۳۱ میں لکھا ہے حضرت ابن مسعودؓ نے فرمایا کثرت حدیث کا نام علم نہیں ہے بلکہ کثرت خشیت کو علم کہتے ہیں۔

۳۔ حاکم نے مستدرک ۱۰۰-۱۰۱/ ۱ میں لکھا ہے حضرت زر بن حبیش کہتے ہیں قبیلہ مراد کا ایک آدمی جسے صفوان بن عسال کہتے ہیں سرور کونین ﷺ کی خدمت میں حاضر ہوا۔ آپ ﷺ اس وقت مسجد میں تشریف فرما تھے آپ ﷺ نے اس سے دریافت فرمایا تمہارے آنے کا مقصد کیا ہے؟ انہوں نے عرض کیا علم کی تلاش! آپ ﷺ نے فرمایا بلاشبہ فرشتے طالبعلم کے کام سے خوش ہو کر اپنے پر اس کے نیچے بچھا دیتے ہیں۔

ایک اور سند میں یہی روایت یوں حضرت زر بن حبیش حضرت ابن مسعودؓ سے روایت کرتے ہیں۔ حضرت ابن مسعودؓ نے فرمایا کہ حضرت صفوان بن عسال المرادی فرماتے ہیں مین رسالتمآب ﷺ کی خدمت میں حاضر ہوا۔ آگے وہی حدیث ہے۔

ثُمَّ اَوْرَثْنَا الْكِتٰبَ الَّذِيْنَ اصْطَفَيْنَا مِنْ عِبَادِنَا ۚ فَمِنْهُمْ ظَالِمٌ لِّنَفْسِهٖ ۚ وَ مِنْهُمْ مُّقْتَصِدٌ ۚ وَ مِنْهُمْ سَابِقٌۢ بِالْخَيْرٰتِ بِاِذْنِ اللّٰهِ ؕ ذٰلِكَ هُوَ الْفَضْلُ الْكَبِيْرُ ؕ﴿۳۲﴾

پھر ہم نے اپنے برگزیدہ بندوں میں سے بعض کو کتاب کا وارث بنایا پس ان میں سے بعض تو اپنے اوپر زیادتی کرنے والے ہیں اور بعض نیکی میں آگے بڑھنے والے ہیں اللہ تعالیٰ کے اذن سے اور بعض میانہ روی والے ہیں یہ اللہ تعالیٰ کا بہت بڑا فضل ہے۔

ا۔ طبری نے جامع ۸۸/۲۲ میں ذکر کیا ہے حضرت ابن مسعودؓ نے فرمایا قیامت کے دن امت محمدیہ کے تین حصے ہوں گے۔ ایک حصہ بغیر حساب کتاب کے جنت میں داخل ہوگا۔ ایک حصے سے آسان سا حساب لیا جائے گا۔ تیسرا حصہ ایسے لوگوں پر مشتمل ہوگا جو بڑے بڑے گناہ لے کر آئیں گے۔ اللہ تعالیٰ سب کچھ جاننے کے باوجود دریافت فرمائیں گے یہ کون ہیں؟ فرشتے کہیں گے یہ لوگ بڑے بڑے گناہ لے کر آئے ہیں البتہ انہوں نے شرک نہیں کیا۔ اللہ تعالیٰ فرمائیں گے انہیں میری رحمت کی وسعت میں داخل کردو۔

یہ فرما کر حضرت ابن مسعودؓ نے یہ آیت مبارکہ تلاوت فرمائی ثم اورثنا الکتاب الذین اصطفینا من عبادنا۔

اِنَّ اللّٰهَ يُمْسِكُ السَّمٰوٰتِ وَ الْاَرْضَ اَنْ تَزُوْلَا ۚ۬ وَ لَىِٕنْ زَالَتَاۤ اِنْ اَمْسَكَهُمَا مِنْ اَحَدٍ مِّنْۢ بَعْدِهٖ ؕ

بیشک اللہ تعالیٰ نے آسمان اور زمین کو روک رکھا ہے کہ وہ مرکز سے ہٹ نہ جائیں اور اگر یہ بالفرض مرکز سے ہٹ جائیں تو پھر اللہ تعالیٰ کے سوا کوئی ان کو تھامنے والا بھی نہیں۔

ا۔ طبری نے جامع ۹۴-۹۵/۲۲ میں ذکر کیا ہے حضرت ابو وائل نے فرمایا ایک بندہ حضرت ابن مسعودؓ کے پاس آیا۔ آپؓ نے پوچھا کس سے ملے ہو؟ اس نے کہا کعب سے ملا ہوں۔ آپؓ نے پوچھا کعب نے کیا بات کی؟ اس نے کہا کہ کعب نے مجھے بتایا کہ آسمان ایک فرشتے کے کندھے پر گھوم رہی ہے۔ حضرت ابن مسعودؓ نے پوچھا تو نے اس کی تکذیب کی

یا تصدیق؟ اس نے کہا نہ تصدیق نہ تکذیب۔ حضرت ابن مسعودؓ نے فرمایا مجھے یہ بات بھلی لگی ہے کہ تو نے اس طرف اپنے سفر کا حق ادا کر دیا ہے اصل یہ ہے کہ کعب نے جھوٹ بولا ہے کیونکہ اللہ تعالیٰ کا ارشاد تو یہ ہے ان اللہ یمسک السموات والارض ان تزولا ولئن زالتا ان امسکھما من احد من بعدہ۔۔۔

وَ لَوْ یُؤَاخِذُ اللّٰہُ النَّاسَ بِمَا کَسَبُوْا مَا تَرَکَ عَلٰی ظَھْرِھَا مِنْ دَآبَّۃٍ

اگر اللہ تعالیٰ لوگوں کی ہر حرکت پر گرفت کرنے لگے تو ایک حرکت کرنے والا جاندار بھی زمین پر نہ چھوڑے۔

ا۔ حاکم نے مستدرک ۲/۴۲۸ میں لکھا ہے حضرت ابن مسعودؓ نے یہ آیت مبارکہ تلاوت فرمائی اور ارشاد فرمایا:

قریب ہے کہ ابن آدم کے گناہوں کی وجہ سے گبریلا جیسے جانور کو اس کی بل میں سزا دی جائے۔

***

۳۶۔ سورۃ یٰس

یٰسٓ ﴿۱﴾

ا۔ قرطبی نے احکام ۴/۵ا میں لکھا ہے حضرت ابن عباسؓ اور حضرت ابن مسعودؓ وغیرہ علماء کرام نے فرمایا اس کا مطلب ہے اے انسان!

اِنَّا نَحْنُ نُحْیِ الْمَوْتٰی وَ نَکْتُبُ مَا قَدَّمُوْا وَ اٰثَارَهُمْ

اور ہم لکھ لیتے ہیں جو آگے بھیجتے ہیں اور ان کے نشانہائے قدم کو۔

ا۔ سیوطی نے الدر ۳۰۰/۳ میں لکھا ہے حضرت ابن مسعودؓ سے مروی ہے کہ الاثار چلنے کے نشانات کو کہا جاتا ہے۔ رسالتمآب صلی اللہ علیہ وآلہ وسلم مسجد کے دو ستونوں کے درمیان چلے تو فرمایا یہ لکھا گیا نشان ہے۔

وَ جَآءَ مِنْ اَقْصَا الْمَدِیْنَةِ رَجُلٌ یَّسْعٰی قَالَ یٰقَوْمِ اتَّبِعُوا الْمُرْسَلِیْنَ ﴿۲۰﴾ اتَّبِعُوْا مَنْ لَّا یَسْـَٔلُکُمْ اَجْرًا وَّ هُمْ مُّهْتَدُوْنَ ﴿۲۱﴾ وَ مَا لِیَ لَاۤ اَعْبُدُ الَّذِیْ فَطَرَنِیْ وَ اِلَیْهِ

تُرْجَعُوْنَ ﴿۲۲﴾ ءَاَتَّخِذُ مِنْ دُوْنِهٖۤ اٰلِهَةً اِنْ یُّرِدْنِ الرَّحْمٰنُ بِضُرٍّ لَّا تُغْنِ عَنِّیْ شَفَاعَتُهُمْ
شَیْــًٔا وَّ لَا یُنْقِذُوْنِ ﴿۲۳﴾ اِنِّیْۤ اِذًا لَّفِیْ ضَلٰلٍ مُّبِیْنٍ ﴿۲۴﴾

اور شہر کے کنارے سے ایک آدمی دوڑتا ہوا آیا اور کہنے لگا اے میری قوم! تم رسولوں کی بات مان لو جو تم سے کچھ اجر نہیں مانگتے اور ہدایت یافتہ بھی ہیں اور مجھے کیا ہے کہ میں اس ذات کی عبادت نہ کروں جس نے مجھے پیدا کیا اور تم سب نے بھی اسی کی بارگاہ میں لوٹنا ہے کیا میں اس کے سوا اور معبود بناؤں اگر وہ نقصان دینے کا ارادہ کرے تو اس کی شفاعت میرے کام ذرا نہ آئے اور نہ وہ چھڑا سکیں اگر میں ایسا کروں تو پھر میں کھلی گمراہی میں ہوا۔

۱۔ حاکم نے مستدرک ۲/۴۲۹ میں لکھا ہے حضرت ابن مسعودؓ نے فرمایا جب سورۃ یٰس میں مذکور بندے نے کہا یا قوم اتبعوا المرسلین تو انھوں نے اس کا گلا گھونٹا تاکہ وہ فوت ہو جائے۔ وہ انبیاءؑ کی طرف متوجہ ہوا اور کہا انی امنت بربکم فاسمعون مطلب یہ کہ میرے گواہ بن جائیں۔

۲۔ ابن جوزیؒ نے زاد ۱۳/۷ میں لکھا ہے کہ اس نے انی امنت بربکم کے الفاظ سے اپنی قوم کو مخاطب کیا ہے۔ حضرت ابن مسعودؓ کا ارشاد بھی یہی ہے۔

قِیْلَ ادْخُلِ الْجَنَّةَ ؕ قَالَ یٰلَیْتَ قَوْمِیْ یَعْلَمُوْنَ ﴿۲۶﴾

کہا گیا تو جنت میں داخل ہو جا کہا کاش میری قوم کو معلوم ہو جائے کہ میرے رب نے مجھے بخش دیا اور معزز لوگوں میں کر دیا۔

۱۔ طبری نے جامع ۲۲/۱۰۴ میں لکھا ہے حضرت ابن مسعودؓ فرمایا کرتے تھے ان لوگوں نے اسے پاؤں سے روند ڈالا حتی کہ آنت اس کے پچھلے حصہ سے باہر آنکلی۔

۲۔ طبری نے جامع ۲۲/۱۰۴ میں لکھا ہے حضرت ابن مسعودؓ فرمایا کرتے تھے اللہ تعالیٰ نے اسے فرمایا جنت میں داخل ہو جاؤ وہ داخل ہو گیا زندہ حالت میں اسے رزق ملتا ہے اس میں، اللہ تعالیٰ نے دنیا کی ساری تکلیفیں مصیبتیں اور غم و حزن ختم فرما دیے۔ جب اسے اللہ تعالیٰ کی رحمت، جنت اور عزت کی طرف لے جایا جا رہا تھا تب اس نے کہا یالیت قومی یعلمون بما غفرلی ربی وجعلنی من المکرمین۔

اور ہم نے اس کی قوم پر اس کے بعد کوئی لشکر نہیں بھیجا، اور نہ ہم اتارنے والے تھے پس وہ ایک چیخ تھی پس اسی وقت وہ بجھنے والے تھے۔

۱۔ طبری نے جامع ۲۳/۳-۲ میں ذکر کیا ہے حضرت ابن مسعودؓ نے فرمایا اللہ تعالیٰ کو اس بندہ مومن کی خاطر بہت غصہ آیا کیونکہ ان لوگوں نے سے کمزور خیال کر کے یہ سب کچھ کیا تھا۔

اس غصہ کی وجہ سے ان لوگوں کا نام و نشان مٹا دیا گیا۔

اللہ تعالیٰ نے ان سے اس بات کا انتقام لیا کہ انہوں نے اس کا خون حلال سمجھ لیا تھا۔ اللہ تعالیٰ نے فرمایا وما انزلنا علی قومہ من بعدہ من جند من السماء وماکنا منزلین۔

اِنَّ اَصْحٰبَ الْجَنَّةِ الْيَوْمَ فِيْ شُغُلٍ فٰكِهُوْنَ ﴿۵۵﴾

بیشک جنت والے آج خوش گپیوں میں مشغول ہیں۔

۱۔ طبری نے جامع ۱۳/۲۳ میں لکھا ہے حضرت ابن مسعودؓ نے جو اس آیت مبارکہ کی تفسیر میں فرمایا جنتی لوگوں کا یہ شغل ہو گا کہ وہ کنواریوں پر پانی پھینکیں گے۔

***

۳۷۔ سورۃ الصافات

وَ الصّٰٓفّٰتِ صَفًّا ﴿۱﴾ فَالزّٰجِرٰتِ زَجْرًا ﴿۲﴾ فَالتّٰلِیٰتِ ذِكْرًا ﴿۳﴾

اور قسم ہے صف باندھنے والوں کی جو صف بستہ کھڑے ہیں پھر ان ڈانٹ پلانے والوں کی جو جھڑک کر ڈانٹتے ہیں اور پھر ان کی قسم جو ذکر الٰہی کی تلاوت کرتے ہیں۔

ا۔ حاکم نے مستدرک ۲/۴۲۹ میں لکھا ہے حضرت ابن مسعودؓ نے ان آیات کریمہ کی تفسیر میں فرمایا کہ والصافات صفا سے مراد فرشتے ہیں فالزاجرات زجرا سے مراد فرشتے ہیں فالتالیات ذکرا سے مراد فرشتے ہیں۔

....اِنَّا خَلَقْنٰهُمْ مِّنْ طِیْنٍ لَّازِبٍ ﴿۱۱﴾

بیشک ہم نے ان کو چپکنے والی مٹی سے پیدا کیا ہے۔

ا۔ علامہ سیوطی نے الدر ۵/۲۷۲ میں ذکر کیا ہے حضرت ابن مسعودؓ نے فرمایا لازب چپک جانے والی مٹی کو کہتے ہیں۔

اُحْشُرُوا الَّذِیْنَ ظَلَمُوْا وَ اَزْوَاجَهُمْ وَ مَا كَانُوْا یَعْبُدُوْنَ ﴿۲۲﴾

جمع کرو ظالموں اور ان کے جوڑوں کو اور ان کو جن کی یہ عبادت کرتے تھے اور ان کو کھڑا کرو ان سے پوچھا جائے گا۔

ا۔ طبری نے جامع ۲۵/۱۲ میں لکھا ہے حضرت ابن مسعودؓ نے فرمایا:

جب صور پھونکا جائے گا تو تمام مخلوق ایسے کھڑی ہو جائے گی جیسے ایک بندہ کھڑا ہوتا ہے پھر اللہ تعالیٰ تمثیلی انداز میں مخلوق کے سامنے تشریف لائیں گے۔ اللہ تعالیٰ کے علاوہ دوسرے معبودوں کو پوجنے والے اللہ تعالیٰ کو یوں ملیں گے کہ ان کا وہ معبود سامنے ہوگا اور وہ اس کے پیچھے پیچھے ہوں گے۔

چنانچہ جب یہودی ملیں گے تو اللہ تعالیٰ پوچھیں گے تم کس کی پوجا کرتے تھے؟ وہ کہیں گے حضرت عزیرؑ کی۔ اللہ تعالیٰ انہیں پوچھیں گے تمہیں پانی اچھا لگتا ہے؟ وہ کہیں گے جی ہاں! اللہ تعالیٰ انہیں جہنم دکھائیں گے وہ سراب کی شکل میں ہوگی۔ اتنا بتا کر حضرت ابن مسعودؓ نے یہ آیت مبارکہ تلاوت فرمائی وعرضنا جهنم يومئذ للكافرين عرضاه (الکھف/۱۰۰)

پھر عیسائی ملیں گے۔ اللہ تعالیٰ پوچھیں گے تمہیں پانی بھلا لگتا ہے؟ وہ کہیں گے جی ہاں! اللہ تعالیٰ انہیں جہنم دکھائیں گے اس کی شکل سراب جیسی ہوگی۔

پھر یوں معاملہ کیا جائے گا ہر اس بندے سے جو اللہ کے علاوہ کسی اور چیز کی پوجا کرتا رہا ہو گا

یہ فرما کر حضرت ابن مسعودؓ نے یہ آیت مبارکہ تلاوت فرمائی :

وقفوهم انهم مسئولون۔

فَاطَّلَعَ فَرَاٰهُ فِیْ سَوَآءِ الْجَحِیْمِ ﴿۵۵﴾

اللہ تعالیٰ فرمائیں گے کیا تم نے ان کو جھانکنا ہے پس جھانکیں گے تو اسے جہنم کے درمیان میں دیکھ لیں گے۔

۱۔ ابن جوزی نے زاد ۶۰/۷ میں لکھا ہے حضرت ابن مسعودؓ نے فرمایا :

وہ جھانکے گا اور پھر اپنے ساتھیوں کی طرف متوجہ ہو کر کہے گا میں نے دیکھا ہے کہ لوگوں کی کھوپڑیاں جوش مار رہی ہیں۔

۲۔ قرطبی نے احکام ۸۲/۱۵ میں لکھا ہے سواء الجحیم کا مطلب یہ ہے جہنم کا وسط جس کے اردگرد کانٹے دار جھاڑیاں ہیں۔

یہ حضرت ابن مسعودؓ کا فرمان ہے۔

ثُمَّ اِنَّ مَرْجِعَهُمْ لَاۡاِلَى الْجَحِیْمِ ﴿۶۸﴾

پھر ان کے لوٹنے کی جگہ ضرور بھڑکتی آگ ہے۔

۱۔ طبری نے جامع ۴۲/۲۳ میں لکھا ہے حضرت ابن مسعودؓ کی قرات میں یہ لفظ یوں ہیں ثم منقلبهم لاالی الجحیم۔

حضرت ابن مسعودؓ فرمایا کرتے تھے مجھے اس ذات کی قسم جس کے قبضہ قدرت میں میری جان ہے قیامت کے دن دوپہر سے پہلے اہل جنت جنت میں قیلولہ کررہے ہونگے اور جہنمی جہنم میں پہنچ چکے ہوں گے۔

یہ ارشاد فرما کر آپؓ نے یہ آیت مبارکہ تلاوت فرمائی:

اصحاب الجنۃ یومئذ خیر مستقرا واحسن مقیلا (الفرقان/۲۴)

فَنَظَرَ نَظْرَةً فِي النُّجُومِ ﴿٨٨﴾ فَقَالَ اِنِّيْ سَقِيْمٌ ﴿٨٩﴾ فَتَوَلَّوْا عَنْهُ مُدْبِرِيْنَ ﴿٩٠﴾

پھر انہوں نے ستاروں پر ایک نگاہ ڈالی اور کہا میں بیمار ہوں۔ وہ اس سے پیٹھ پھیر کر چلے گئے۔

ا۔ قرطبی نے احکام ۹۳/۱۵ میں لکھا ہے حضرت ابن عباس اور حضرت ابن مسعودؓ نے فرمایا:

حضرت ابراہیمؑ کے والد نے کہا ہماری عید ہے اگر آپ بھی ہمارے ساتھ چلیں تو آپ کو ہمارا دین پسند آئے گا چنانچہ جب عید کا دن آیا تو سب لوگ باہر نکلے حضرت ابراہیمؑ بھی ان کے ہمراہ تھے۔ تھوڑا راستہ طے ہوا تھا کہ آپؑ کے دل میں ایک بات آئی آپؑ نے فرمایا میں علیل ہوں میرا پاؤں درد کررہا ہے۔ انہوں نے آپؑ کا پاؤں روند ڈالا جبکہ آپؑ لیٹے ہوئے تھے۔

جب لوگ چلے گئے تو آپؑ نے انہیں پیچھے سے پکار کر فرمایا:

وتاللہ لاکیدن اصنامکم (الانبیاء/۵۷)

فَبَشَّرْنٰهُ بِغُلٰمٍ حَلِيْمٍ ﴿١٠١﴾ فَلَمَّا بَلَغَ مَعَهُ السَّعْيَ قَالَ يٰبُنَيَّ اِنِّيْٓ اَرٰى فِي الْمَنَامِ اَنِّيْٓ اَذْبَحُكَ فَانْظُرْ مَا ذَا تَرٰى ؕ قَالَ يٰٓاَبَتِ افْعَلْ مَا تُؤْمَرُ ؗ سَتَجِدُنِيْٓ اِنْ شَآءَ اللّٰهُ مِنَ الصّٰبِرِيْنَ ﴿١٠٢﴾

پس ہم نے ان کو ایک حوصلہ مند بچے کی خوشخبری دی پس جب وہ ان کے ساتھ دوڑنے لگا تو اس نے کہا اے بیٹے میں نے خواب میں دیکھا ہے کہ میں تم کو ذبح کر رہا ہوں پس تم غور کر لو تمہاری کیا رائے ہے اس نے کہا اے اباجی! آپ وہ کر ڈالیں جو تم کو حکم ہوا ہے عنقریب تم مجھے صبر کرنے والوں میں سے پائیں گے۔

۱۔ حاکم نے مستدرک ۵۵۹/۲ میں لکھا ہے حضرت ابن مسعودؓ نے فرمایا حضرت اسحاقؑ ذبح ہوئے تھے۔

۲۔ طبری نے جامع ۵۱-۵۲/۲۳ میں لکھا ہے حضرت ابن مسعودؓ کے ایک پاس آدمی نے فخریہ طور پر کہا کہ میں فلاں شیوخ کرام کا بیٹا ہوں تو آپؓ نے فرمایا ایسے فخر والے تو صرف یوسف بن یعقوب بن اسحاق ذبیح اللہ بن ابراھیم خلیل اللہ ہیں۔

وَ اِنَّ اِلْيَاسَ لَمِنَ الْمُرْسَلِيْنَ ﴿١٢٣﴾

بیشک الیاس رسولوں میں سے تھے۔

۱۔ طبری نے جامع ۲۳/۶۲ میں ذکر کیا ہے کہ حضرت ابن مسعودؓ یوں پڑھا کرتے تھے وان ادریس لمن المرسلین۔

۲۔ طبری نے جامع ۱۱/۵۰۹ میں لکھا ہے حضرت ابن مسعودؓ نے فرمایا: حضرت ادریس اور حضرت الیاسؑ ایک ہی شخصیت ہیں ہیں جیسا کہ حضرت اسرائیل حضرت یعقوبؑ ہی ہیں۔

سَلٰمٌ عَلٰٓی اِلْ یَاسِیْنَ ۝۱۳۰

الیاس پر سلام ہو۔

۱۔ طبری نے جامع ۲۳/۶۲ میں لکھا ہے حضرت ابن مسعودؓ کی قرات میں یہ لفظ یوں ہے سلام علی ادراسین۔

۲۔ قرطبی نے احکام ۱۵/۴ میں لکھا ہے کہ حضرت ابن عباسؓ اور حضرت ابن مسعودؓ وغیرہ علما نے فرمایا اس آیت مبارکہ کا معنی ہے آل محمد ﷺ پر سلامتی ہو۔

وَ اِنَّ یُوْنُسَ لَمِنَ الْمُرْسَلِیْنَ ۝۱۳۹ اِذْ اَبَقَ اِلَی الْفُلْکِ الْمَشْحُوْنِ ۝۱۴۰ فَسَاهَمَ فَکَانَ مِنَ الْمُدْحَضِیْنَ ۝۱۴۱ فَالْتَقَمَهُ الْحُوْتُ وَ هُوَ مُلِیْمٌ ۝۱۴۲ فَلَوْ لَاۤ اَنَّهٗ کَانَ مِنَ الْمُسَبِّحِیْنَ ۝۱۴۳ لَلَبِثَ فِیْ بَطْنِهٖۤ اِلٰی یَوْمِ یُبْعَثُوْنَ ۝۱۴۴ فَنَبَذْنٰهُ بِالْعَرَآءِ وَ هُوَ سَقِیْمٌ ۝۱۴۵ وَ اَنْۢبَتْنَا عَلَیْهِ شَجَرَةً مِّنْ یَّقْطِیْنٍ ۝۱۴۶ وَ اَرْسَلْنٰهُ اِلٰی مِائَةِ اَلْفٍ اَوْ یَزِیْدُوْنَ ۝۱۴۷

بیشک یونس البتہ رسولوں میں سے تھے جب وہ بھاگ کر بڑی ہوئی کشتی کی طرف گئے پس قرعہ ڈالا تو وہی ڈالے جانے والوں میں سے تھے پس ان کو مچھلی نے نگل لیا اور اس حال میں کہ وہ قابل مذمت تھے۔ اگر وہ تسبیح کرنے والوں میں سے نہ ہوئے تو وہ مچھلی کے پیٹ میں بعثت کے دن تک رہتے پس ہم نے ان کو چٹیل میدان میں ڈال دیا اس حال میں کہ وہ بیمار تھے پس ہم نے ان پر کدو کی بیل اگا دی اور اس کو ایک لاکھ یا اس سے زیادہ کی طرف رسول بنایا۔

ا۔ قرطبی نے احکام ۱۳۰-۱۳۱/۱۵ میں لکھا ہے حضرت ابن مسعودؓ نے فرمایا:

حضرت یونسؑ نے اپنی قوم سے عذاب کا وعدہ کیا اور انہیں بتایا کہ وہ تین دن تک آجائے گا۔ ان میں توافراتفری مچ گئی وہ باہر نکل گئے اور اللہ تعالیٰ کے سامنے گڑگڑانے لگے اور معافی مانگنے لگے۔ اللہ تعالیٰ نے عذاب روک دیا۔

دوسرے دن حضرت یونسؑ عذاب کا انتظار کرنے لگے مگر کوئی آثار نظر نہ آئے، اس زمانہ میں قانون یہ تھا کہ جو جھوٹ بولتا تھا وہ دلیل سے بھی خالی ہوتا تھا اسے قتل کر دیا جاتا تھا۔

حضرت یونسؑ ناراض ہو کر باہر چلے گئے اور کشتی میں سوار لوگوں کے پاس آ گئے۔ انہوں نے آپؑ کو سوار کر لیا اور پہچان گئے۔ آپؑ جیسے ہی کشتی میں سوار ہوئے کشتی رک گئی جبکہ اس کے دائیں بائیں کشتیاں رواں دواں تھیں۔ وہ پوچھنے لگے کہ تمہاری کشتی کو کیا ہوا ہے۔ یہ لوگ کہتے کہ ہمیں نہیں پتہ ہے۔

حضرت یونسؑ نے فرمایا اس کشتی میں ایک غلام ہے جو آقا جل و علی سے بھاگا ہوا ہے اور یہ کشتی تب تک نہیں چلے گی جب تک تم اسے پانی میں نہ ڈال دو گے۔

لوگوں نے کہا اے اللہ کے نبیؑ اگر وہ آپ ہیں تو ہم تو آپ کو ہرگز نہیں ڈالیں گے۔ آپؑ نے فرمایا اچھا قرعہ اندازی کر لو جس کے نام کا قرعہ نکلے گا اسے ڈال دیا جائے گا۔ چنانچہ انہوں نے قرعہ اندازی کی تو قرعہ حضرت یونسؑ کے نام نکلا، لوگوں نے آپؑ کو الگ چھوڑنے سے انکار کر دیا۔ آپؑ نے فرمایا تین بار قرعہ اندازی کرو پھر جس کا نام نکلے اسے ڈال دو، لوگوں نے تین بار قرعہ اندازی کی تو تینوں بار قرعہ آپؑ کے نام نکلا تو آپؑ پانی میں چلے گئے۔

اللہ تعالیٰ نے ایک مچھلی کی ذمہ داری لگائی اس نے آپؑ کو لقمہ بنا لیا جبکہ آپؑ زمین کی تہہ کہ طرف رواں تھے۔ حضرت یونسؑ نے کنکریوں کی تسبیح سنی تو آپؑ اندھیروں میں پکار اٹھے لا الہ الا انت سبحانک انی کنت من الظالمین (الانبیاء/۸۷)۔

حضرت ابن مسعودؓ نے فرمایا ایک رات کا اندھیرا تھا ایک سمندر کا اور ایک مچھلی کے پیٹ کا۔

اللہ تعالیٰ نے ارشاد فرمایا فنبذناہ بالعراء وھو سقیم۔۔۔۔۔۔

اس کی تفسیر حضرت ابن مسعودؓ نے فرمایا اللہ تعالیٰ نے ان کو میدان میں ڈلوا دیا اس وقت بے پر چوزے کی طرح نرم و نازک تھے اللہ تعالیٰ نے کدو کی ایک بیل اگا دی۔ آپؑ اس کے سائے میں بیٹھتے اور اس سے کھاتے تھے۔ وہ سوکھ گئی تو آپؑ رونے لگے۔ اللہ تعالیٰ نے

فرمایا ایک بیل سوکھی ہے تو روتے ہیں اور ان لاکھ سے زائد آدمیوں پر آپ کو رونا نہیں آیا جن کی تباہی کا ارادہ فرمایا تھا۔

ایک دن حضرت یونس السلام وہ ان سے باہر نکلے تو دیکھا کہ ایک غلام بکریاں چرا رہا ہے۔ آپؑ نے اس سے دریافت فرمایا اے غلام تو کون ہے؟ اس نے فرمایا میں حضرت یونسؑ کی قوم میں سے ہوں۔ آپؑ نے فرمایا جب قوم کے پاس واپس جاؤ تو انہیں بتانا کہ میں حضرت یونسؑ سے مل کر آیا ہوں۔ تو اس نے کہا کہ اگر آپ حضرت یونسؑ ہی ہیں تو آپ کو ضرور علم ہو گا کہ جو بغیر ثبوت کے بات کرتا ہے اسے قتل کر دیا جاتا ہے۔ چنانچہ میری اس بات کی گواہی کون دے گا؟ حضرت یونسؑ نے فرمایا یہ درخت اور یہ قطعہ زمین! غلام نے کہا انہیں حکم فرمادیجیے۔ حضرت یونسؑ نے ان دونوں سے فرمایا جب یہ غلام تمہارے پاس آئے تو اس کے گواہ بن جانا ان دونوں نے کہا اچھا جی۔

غلام واپس اپنی قوم کے پاس آیا اس کے بھائی بھی تھے۔ پھر یہ غلام بادشاہ کے پاس گیا اور اسے بتایا کہ میں حضرت یونسؑ سے مل کر آیا ہوں وہ آپ کو سلام کہہ رہے تھے۔ بادشاہ نے کہا اسے قتل کر دو۔ لوگوں نے بتایا کہ اس کے پاس ثبوت ہے۔ جن لوگ اس کے ہمراہ بھیجے گئے یہ درخت اور قطعہ زمین کے پاس آیا اور کہا میں تم کو اللہ عزوجل کی قسم دیتا ہوں کیا تم گواہی دیتے ہو کہ میں حضرت یونسؑ سے ملا ہوں۔ ان دونوں نے کہا جی ہم گواہی دیتے ہیں۔

لوگ یہ کہہ رہے تھے کہ درخت اور زمین نے اس کے لیے گواہی دی ہے پھر بادشاہ کو آ کر جو دیکھا تھا وہ بتا دیا حضرت ابن مسعودؓ نے فرمایا بادشاہ نے غلام کا ہاتھ پکڑا اور اسے اپنی جگہ پر بٹھا دیا اور کہا مجھ سے زیادہ تو اس جگہ کا حق دار ہے۔ حضرت ابن مسعودؓ نے فرمایا اس غلام نے چالیس سال حکومت کی۔

۲۔ ابن کثیر نے اپنی تفسیر ۵/۳۶۱ میں لکھا ہے حضرت ابن مسعودؓ نے فرمایا اللہ تعالیٰ سبز سمندر سے ایک مچھلی بھیجی جو سمندروں کو چیرتی آئی اور آ کر اس وقت حضرت یونسؑ کو منہ میں لے لیا جب حضرت یونسؑ نے خود کو سمندر کے حوالے کیا۔

اور اس مچھلی کو حکم دیا حضرت یونسؑ کا گوشت کھانا نہ ہی ہڈی کو نقصان دینا ہے کیونکہ حضرت یونسؑ تمہارا رزق نہیں ہیں بلکہ تیرا پیٹ ان کے لیے جیل ہے۔

۳۔ طبری نے جامع ۲۳/۶۶ مین لکھا ہے حضرت ابن مسعودؓ نے اس آیت کریمہ وانبتنا علیه شجرة من يقطين کی تفسیر میں فرمایا

وَ مَا مِنَّاۤ اِلَّا لَهٗ مَقَامٌ مَّعْلُوْمٌۙ﴿۱۶۴﴾ وَّ اِنَّا لَنَحْنُ الصَّآفُّوْنَۚ﴿۱۶۵﴾

اور ہم میں ہر ایک کا مقام معلوم اور مقرر ہے اور بیشک ہم ہی صف باندھنے والے ہیں۔

۱۔ طبری نے جامع ۲۳/۱۷ میں لکھا ہے حضرت ابن مسعودؓ نے فرمایا آسمانوں میں سے ایک آسمان ایسا بھی ہے۔ جس پر ایک بالشت جگہ ایسی نہیں۔ جس پر کوئی فرشتہ سجدہ ریز نہ ہو یا کوئی فرشتہ حالت قیام میں نہ ہو یہ فرما کر آپؓ نے یہ آیت مبارکہ تلاوت فرمائی :

وانا لنحن الصافون، وانا لنحن المسجون-
***

۳۸۔ سورۃ ص

.... وَّ فِرۡعَوۡنُ ذُو الۡاَوۡتَادِ ﴿۱۲﴾

اور فرعون جو کیلوں والا تھا۔

ا۔ ابن جوزی رحمۃ اللہ نے زاد ۱۰۵/۷ میں لکھا ہے فرعون لوگوں کو یوں سزا دیتا کہ ایک چٹان میں چار میخیں لگا کر وہ چٹان کسی انسان پر رکھوا دیتا

یہ تفسیر حضرت ابن مسعودؓ اور حضرت ابن معباسؓ سے منقول ہے۔

وَ شَدَدۡنَا مُلۡکَہٗ وَ اٰتَیۡنٰہُ الۡحِکۡمَۃَ وَ فَصۡلَ الۡخِطَابِ ﴿۲۰﴾

ہم نے ان کو حکمت اور فیصلہ کن خطاب دے رکھا تھا۔

ا۔ قرطبی نے احکام ۱۶۲/۱۵ مین لکھ ہے حضرت ابو عبید الرحمن سلمیؓ اور حضرت قتادہؒ فرماتے ہیں فصل الخطاب سے مراد عدالتی امور میں فیصلہ کرنا ہے۔

یہ حضرت ابن مسعودؓ اور حضرت حسن وغیرہ سے منقول ہے۔

اِنَّ ہٰذَاۤ اَخِیۡ ۟ لَہٗ تِسۡعٌ وَّ تِسۡعُوۡنَ نَعۡجَۃً وَّلِیَ نَعۡجَۃٌ وَّاحِدَۃٌ ۟ فَقَالَ اَکۡفِلۡنِیۡہَا وَ عَزَّنِیۡ فِی الۡخِطَابِ ﴿۲۳﴾

میرے اس بھائی کی ننانوے دنبیاں ہیں اور میری ایک دنبی ہے یہ کہتا ہے کہ وہ بھی میرے حوالے کر دو اور بات میں مجھ پر زبردست ہے۔

۱۔ سیوطی نے جامع الدر ۵/۳۰۳ میں لکھا ہے حضرت ابن مسعودؓ نے فرمایا اس کی مراد یہ ہے کہ یہ میرا دینی بھائی ہے۔

۲۔ طبری نے جامع ۲۳/۹۱ میں لکھا ہے حضرت ابن مسعودؓ نے فرمایا حضرت داؤدؑ نے اکفلنیھا سے زیادہ کچھ نہیں کہا تھا۔

۳۔ طبری نے جامع ۲۳/۹۱ میں لکھا ہے حضرت ابن مسعودؓ نے فرمایا وعزنی فی الخطاب کی تفسیر یہ ہے حضرت داؤدؑ نے صرف اتنا فرمایا تھا کہ اس ایک سے میری خاطر دستکش ہو جا۔

ظَنَّ دَاوٗدُ اَنَّمَا فَتَنّٰهُ فَاسْتَغْفَرَ رَبَّهٗ وَ خَرَّ رَاكِعًا وَّ اَنَابَ ۩ ﴿۲۴﴾ فَغَفَرْنَا لَهٗ ذٰلِكَ ...

اور داؤدؑ نے گمان کیا کہ اللہ تعالیٰ نے ان کی آزمائش کی ہے پس انہوں نے اپنے رب کی بارگاہ میں استغفار کیا اور رکوع کرتے ہوئے جھک گئے تو رجوع ہوئے پس ہم نے ان کو بخش دیا۔

۱۔ امام شافعیؒ نے اپنی مسند ۱۲۴/۱ میں ذکر کیا ہے کہ حضرت ابن مسعودؓ سورۃ ص میں سجدہ نہیں کرتے تھے اور ارشاد فرماتے تھے کہ یہ ایک نبی کی توبہ ہے۔

۲۔ سیوطی نے الدر ۵/۳۰۵ میں لکھا ہے حضرت ابن مسعودؓ فرماتے ہیں سید الکونین ﷺ نے فرمایا:

اللہ تعالیٰ نے جب حضرت داؤدؑ سے فرمایا سر مبارک اٹھائیے میں نے آپ کی بخشش کر دی ہے تو حضرت داؤدؑ نے عرض کیا پروردگار! یہ بخشش کیسے ہوئی جبکہ آپ تو حق کے ساتھ فیصلہ فرماتے ہیں اور بندوں پر ذرہ برابر ظلم نہیں فرماتے ؟ میں نے ایک بندے پر ظلم کیا ہے اس سے مال چھینا ہے اسے قتل کیا ہے۔

اللہ تعالیٰ نے آپؑ کی طرف وحی فرمائی کہ بات تو ایسے ہی ہے اے داؤد! جب تم دونوں میرے پاس آؤ گے تو میں فیصلہ تمہارے خلاف ہی کروں گا۔ جب حق واضح ہو جائے گا تو میں آپ کو اس مقتول سے مانگ لوں گا وہ آپ کو میرے حوالے کر دے گا میں اسے خوش کروں گا اور جنت میں داخل کروں گا۔

یہ سن کر حضرت داؤدؑ نے اپنا سر مبارک اوپر اٹھایا اور آپ کا جی خوش ہو گیا اور عرض کرنے لگے پروردگار بخشش تو ایسے ہی ہوتی ہے۔

فَقَالَ اِنِّیْٓ اَحْبَبْتُ حُبَّ الْخَیْرِ عَنْ ذِكْرِ رَبِّیْ ۚ حَتّٰی تَوَارَتْ بِالْحِجَابِ ﴿٣٢﴾

اور کہنے لگے میں نے مال سے محبت کی ہے اپنے رب کی یاد کی وجہ سے یہاں تک کہ سورج پردیس چلا گیا۔

طبری نے جامع ۹۹/۲۳ میں ذکر فرمایا ہے کہ حضرت ابن مسعودؓ نے اس آیت مبارکہ کہ تفسیر میں فرمایا کہ سورج حضرت سلیمانؑ کے سبز یاقوت کے اس پار چھپ گیا تھا، آسمان پر چھایا سبز رنگ اسی یاقوت سے ہے۔

قَالَ رَبِّ اغْفِرْ لِيْ وَهَبْ لِيْ مُلْكًا لَّا يَنْۢبَغِيْ لِاَحَدٍ مِّنْۢ بَعْدِيْ ۚ اِنَّكَ اَنْتَ الْوَهَّابُ ﴿٣٥﴾

کہا اے میرے رب مجھے بخش دے ایسی بادشاہت دے جو میرے بعد کسی کو یسر نہ ہو بیشک تو عطاء والا ہے۔

سیوطی نے الدر ۵/۳۱۳ میں لکھا ہے حضرت ابن مسعودؓ فرماتے ہیں سرور دوجہاں ﷺ نے فرمایا:

شیطان میرے پاس سے گزرا تو میں نے اسے پکڑلیا۔ میں نے اس کی گردن دبائی میں اس کی زبان کی ٹھنڈک اپنے ہاتھ پر محسوس کرنے لگا۔ اس نے کہا مجھے درد ہو رہا ہے مجھے درد ہو رہا ہے۔

اگر ان کے بارے میں حضرت سلیمانؑ کی دعا نہ ہوتی تو میں اسے مسجد کے کسی ستون سے باندھ دیتا اور اہل مدینہ کے بچے اسے دیکھتے۔

....اِنَّا وَجَدْنٰهُ صَابِرًا ؕ نِّعْمَ الْعَبْدُ ؕ اِنَّهٗۤ اَوَّابٌ ﴿۴۴﴾

ہم نے ان کو صبر والا پایا وہ ہی خوب بندہ تھا بیشک وہ رجوع کرنے والا ہے۔

ا۔ سیوطی نے الر ۵/۳۱۷ میں لکھا ہے حضرت ابن مسعودؓ نے فرمایا حضرت ایوبؑ قیامت کے دن تمام صابرین کے سردار ہوں گے۔

هٰذَا ۙ فَلْيَذُوْقُوْهُ حَمِيْمٌ وَّ غَسَّاقٌ ﴿۵۷﴾ وَّ اٰخَرُ مِنْ شَكْلِهٖۤ اَزْوَاجٌ ﴿۵۸﴾

یہ ہو چکا پس وہ گرم پانی اور پیپ کو چکھ لیں اور اس کی شکل کا جوڑا ہو گا۔

ا۔ طبری نے جامع ۱۱۴-۱۱۵/۲۳ میں لکھا ہے حضرت ابن مسعودؓ نے اس آیت کریمہ کی تفسیر میں فرمایا اس سے مراد زمہریر ہے۔

قَالُوْا رَبَّنَا مَنْ قَدَّمَ لَنَا هٰذَا فَزِدْهُ عَذَابًا ضِعْفًا فِي النَّارِ ﴿۶۱﴾

وہ کہیں گے اے ہمارے رب! جس نے ہم میں سے پہلے کیا ہے پس اس کو آگ کا دوگنا عذاب دینا۔

ا۔ علامہ بغوی نے معالم ۵۲/۶ میں لکھا ہے حضرت ابن مسعودؓ نے فرمایا مراد سانپ اور اژدھے ہیں۔

قُلْ مَاۤ اَسْـَٔلُكُمْ عَلَيْهِ مِنْ اَجْرٍ وَّ مَاۤ اَنَا مِنَ الْمُتَكَلِّفِيْنَ ﴿۸۶﴾

کہہ دو میں اس پر تم سے مزدوری نہیں مانگتا اور نہ میں تکلف کرنے والوں میں سے ہوں۔

ا۔ امام احمد بن حنبلؒ نے اپنی مسند ۷۷/۶ میں یہ لکھا ہے حضرت ابن مسعودؓ نے فرمایا:
لوگو! جس سے کوئی بات پوچھی جائے اگر اسے علم ہو تو بتا دے ورنہ کہہ دے کہ اللہ اعلم، کیونکہ جس بات کے بارے میں علم نہ ہو اس کے بارے اللہ اعلم کہنا بھی علم کی نشانی ہے۔

اللہ تعالیٰ نے اپنے پیغمبر صلی اللہ علیہ وآلہ وسلم سے فرمایا:
قل ما اسئلکم علیہ من اجر وما انا من المتکلفین۔

※ ※ ★

۳۹۔ سورۃ الزمر

اَفَمَنْ شَرَحَ اللّٰهُ صَدْرَهٗ لِلْاِسْلَامِ فَهُوَ عَلٰى نُوْرٍ مِّنْ رَّبِّهٖ ۭ ...... (۲۲)

کیا پس آیا وہ شخص جس کے سینے کو اسلام کے لیے اللہ تعالیٰ نے کھول دیا وہ اپنے رب کی جانب سے نور پر ہے۔

۱۔ علامہ بغوی نے معالم ۶/۶۰ میں لکھا ہے حضرت ابن مسعودؓ فرماتے ہیں:

رحمت کائنات صلی اللہ علیہ وآلہٖ وسلم نے یہ آیت مبارکہ تلاوت فرمائی تو ہم نے عرض کیا اے اللہ کے رسول صلی اللہ علیہ وآلہٖ وسلم شرح صدر کیسے ہوتا ہے؟ آپ صلی اللہ علیہ وآلہٖ وسلم نے فرمایا جب نور دل میں داخل ہوتا ہے تو دل کشادہ ہوتا ہے۔ ہم نے عرض کیا اس کی نشانی کیا ہے؟ آپ صلی اللہ علیہ وآلہٖ وسلم نے فرمایا ہمیشہ کے گھر کی طرف توجہ لگ جاتی ہے دنیا سے دل اٹھ جاتا ہے اور موت آنے سے پہلے موت کی تیاری کی فکر ہونے لگتی ہے۔

اَللّٰہُ نَزَّلَ اَحْسَنَ الْحَدِیْثِ کِتٰبًا مُّتَشَابِهًا مَّثَانِیَ ۖ تَقْشَعِرُّ مِنْهُ جُلُوْدُ الَّذِیْنَ یَخْشَوْنَ رَبَّهُمْ ۚ ثُمَّ تَلِیْنُ جُلُوْدُهُمْ وَ قُلُوْبُهُمْ اِلٰی ذِکْرِ اللّٰهِ .... ۞۲۳

اللہ تعالیٰ ہی نے سب سے بہتر ایک کتاب کی صورت میں اتاری جس کی آیات ایک دوسرے کے مشابہ ہیں وہ بار بار پڑھی جانے والی ہے اس سے ان لوگوں کے رونگٹے کھڑے ہو جاتے ہیں جو اپنے رب سے ڈرنے والے ہیں۔

۱۔ علامہ زمخشری نے کشاف ۳/۳۴۴ میں لکھا ہے حضرت ابن مسعودؓ نے فرمایا کہ اصحاب محمدؐ میں اکتاہٹ پیدا ہوئی تو انہوں نے آپ سے گزارش کی ہمیں کوئی بات بیان فرمائیں تو یہ قل یا عبادی الذین ۔۔ اتری

قُلْ یٰعِبَادِیَ الَّذِیْنَ اَسْرَفُوْا عَلٰۤی اَنْفُسِهِمْ لَا تَقْنَطُوْا مِنْ رَّحْمَةِ اللّٰهِ ؕ اِنَّ اللّٰهَ یَغْفِرُ الذُّنُوْبَ جَمِیْعًا ؕ اِنَّهٗ هُوَ الْغَفُوْرُ الرَّحِیْمُ ۞۵۳

کہہ دو اے میرے بندو! جنہوں نے اپنی جانوں پر ظلم کیا تم اللہ تعالیٰ کی رحمت سے مایوس نہ ہو بیشک اللہ تعالیٰ سب گناہوں کو بخشنے والا ہے۔

۱۔ طبری نے جامع ۲۴/۱۱ میں لکھا ہے حضرت ابن مسعودؓ مسجد میں تشریف لائے تو ایک قصہ گو لوگوں کو وعظ و نصیحت کر رہا تھا۔ آپ ﷺ اس کے قریب آئے اور فرمایا اے نصیحت کرنے والے کیا لوگوں کو ناامید کر رہا ہے جبکہ اللہ تعالیٰ فرماتے ہیں۔

یا عبادی الذین اسرفوا علی انفسھم /الایة

۲-طبری نے جامع ۲۴/۱۱ میں لکھا ہے۔ حضرت شتیر بن شکل اور حضرت مسروق اکھٹے بیٹھے تھے حضرت شتیر نے کہا اگر آپ حضرت ابن مسعودؓ سے سنی ہوئی کوئی بات بیان کریں گے تو میں آپ کی تصدیق کروں گا اور اگر میں بیان کروں تو آپ تصدیق کریں گے۔ حضرت مستروق نے فرمایا نہیں بلکہ آپ بیان کریں میں تصدیق کروں گا چنانچہ حضرت شتیر نے فرمایا میں نے حضرت ابن مسعودؓ سے سنا ہے کہ قرآن مجید میں سب سے زیادہ تسلی آمیز آیت یہ ہے یا عبادی الذین اسرفو اعلی انفسھم لا تقنطوا من رحمۃ اللہ۔

وَ مَا قَدَرُوا اللّٰهَ حَقَّ قَدْرِهٖ ۖ وَ الْاَرْضُ جَمِيْعًا قَبْضَتُهٗ يَوْمَ الْقِيٰمَةِ وَ السَّمٰوٰتُ مَطْوِيّٰتٌۢ بِيَمِيْنِهٖ ؕ سُبْحٰنَهٗ وَ تَعٰلٰى عَمَّا يُشْرِكُوْنَ ﴿۶۷﴾

اور انہوں نے اللہ تعالیٰ کی قدر کا حق ادا نہیں کیا تمام زمین اس کے قبضہ میں ہوگی قیامت کے دن اور آسمان لپٹنے والے ہوں گے اس کے دائیں ہاتھ میں وہ سبحان اور بلند و بالا ہے ان تمام معبودوں سے بری الذمہ ہے۔

۱۔ امام احمد بن حنبلؒ نے اپنی مسند ۱۷۰-۱۷۱/۶ میں یہ حدیث نقل فرمائی ہے ایک یہوی عالم رسالتمآب صلی اللہ علیہ وآلہ وسلم کی خدمت میں حاضر ہوا اور عرض کیا اے محمد یا یوں کہا کہ اے اللہ کے رسول صلی اللہ علیہ وآلہ وسلم قیامت کے دن آسمانوں کو ایک انگلی پر اٹھائیں گے زمینوں کو ایک انگلی پر پہاڑوں کو ایک انگلی پر رختوں کو ایک انگلی پر پانی اور تحت الثری کو ایک انگلی اور باقی مخلوق ایک انگلی پر اٹھائیں اور انہیں حکم دے کر فرمائیں گے میں ہوں بادشاہ۔

رحمت کائنات ﷺ یہودی عالم کی بات کی تصدیق کرتے ہوئے مسکرا پڑے یہاں تک کہ آپ ﷺ کی داڑھی نظر آنے لگیں۔

پھر آپ ﷺ نے آیت مبارکہ کی تلاوت فرمائی :

وماقدروا اللہ حق قدرہ والارض جمیعا قبضتہ یوم القیامۃ۔ آخر تک ۔

***

۴۰۔ سورۃ غافر

۱۔ امام احمد بن حنبلؒ نے اپنی مسند ۶/۴۲ میں لکھا ہے حضرت ابن مسعودؓ نے فرمایا مجھے وہ سورتیں یاد ہیں جنھیں رسالت مآب ملا کر پڑھا کرتے تھے وہ اٹھارہ تو مفصلات میں سے ہیں اور دو حوامیم میں سے ہیں۔

۲۔ حاکم نے مستدرک ۲/۴۲۷ میں لکھا ہے حضرت ابن مسعودؓ نے فرمایا حوامیم قرآن مجید۔

۳۔ علامہ بغویؒ نے معالم ۶/۷۳ میں لکھا ہے حضرت ابن مسعودؓ نے فرمایا میں جب حوامیم میں پہنچتا ہوں تو گویا باغوں میں پہنچ جاتا ہوں۔

۴۔ علامہ بغوی نے معالم ۶/۷۳ میں ذکر کیا کہ حضرت ابن مسعودؓ نے فرمایا قرآن مجید کی مثال اس آدمی جیسی ہے جو اپنے لوگوں کے لیے ٹھکانہ تلاش کرنے نکلا۔ وہ بارش کے اثر کردہ حصہ زمین پر گزرا اور تعجب کر رہا تھا کہ وہ اچانک وہ گنجان سبزہ والے علاقہ میں پہنچ گیا میں تو پہلے بادل پر متعجب تھا یہ تو اس سے بھی عجیب تر ہے۔ پہلے بادل کی مثال وہ عظمت قرآن کی مثال ہے اور اس گنجان سبزے کی مثال قرآن کے حوامیم ہیں۔

قَالُوْا رَبَّنَآ اَمَتَّنَا اثْنَتَيْنِ وَ اَحْيَيْتَنَا اثْنَتَيْنِ فَاعْتَرَفْنَا .... ﴿۱۱﴾

وہ کہیں گے اے ہمارے رب تو نے ہمیں دو مرتبہ موت دی اور دو مرتبہ زندہ کیا۔

ا۔ طبری نے جامع ۴۱۸/ ا میں لکھا ہے حضرت ابن مسعودؓ نے فرمایا یہ آیت مبارکہ سورۃ بقرہ کی اس آیت کی طرح ہے۔

وکنتم امواتا فاحیا کم ثم یمیتکم ثم یحییکم (البقرہ/۲۸)

یَوْمَ هُمْ بٰرِزُوْنَ ۚ لَا يَخْفٰى عَلَى اللّٰهِ مِنْهُمْ شَيْءٌ ؕ لِمَنِ الْمُلْكُ الْيَوْمَ ؕ لِلّٰهِ الْوَاحِدِ الْقَهَّارِ ﴿۱۶﴾ اَلْيَوْمَ تُجْزٰى كُلُّ نَفْسٍۭ بِمَا كَسَبَتْ ؕ لَا ظُلْمَ الْيَوْمَ ؕ اِنَّ اللّٰهَ سَرِيْعُ الْحِسَابِ ﴿۱۷﴾

اس دن ظاہر ہوں گے اللہ تعالیٰ پر ان کی کوئی چیز مخفی نہیں۔ آج کس کی حکومت ہے اللہ تعالیٰ اکیلے زبردست کی آج ہر نفس کو اس کی کمائی کا بدلہ دیا جائے گا آج کچھ ظلم نہ ہوگا بیشک اللہ تعالیٰ جلد حساب لینے والے ہیں۔

ا۔ قرطبی نے احکام ۳۰۰/۱۵ امیں لکھا ہے حضرت ابن مسعودؓ نے فرمایا چاندی کی طرح سفید ایسی زمین پر لوگوں کو جمع کیا جائے گا جس پر کبھی بھی اللہ کی نافرمانی نہیں کی گئی ہوگی پھر منادی کو حکم ہوگا ندا لگائے آج بادشاہی کس کی ہے؟ سب مومن و کافر کہیں گے اللہ اکیلے جبار و قہار کی بادشاہی ہے۔

البتہ مومن کا یہ جواب خوشی اور مزے سے ہوگا جبکہ کافر کا جواب غم اور بے بسی کے ساتھ ہوگا۔

۲۔ سیوطی نے الدر ۳۴۸/۵ میں لکھا ہے حضرت ابن مسعودؓ نے فرمایا:

اللہ تعالیٰ قیامت کے دن ساری مخلوق کو چاندی چمکدار سفید زمین پر جمع فرمائیں گے اس زمین پر کبھی بھی اللہ کے حکم کے خلاف ورزی نہ کی گئی ہوگی۔

سب سے پہلے یہ بات ہوگی لمن الملک الیوم للہ الواحد القھار۔ الیوم تجزی کل نفس بما کسب لاظلم الیوم ان اللہ سریع الحساب۔

اور سب سے پہلے خون کے جھگڑے نبٹائے جائیں گے قاتل و مقتول کو لایا جائے گا۔

مقتول کہے گا اپنے اس بندے سے پوچھیے مجھے کس جرم میں قتل کیا تھا؟ اللہ تعالیٰ فرمائیں گے ضرور۔ چنانچہ بندہ اگر کہے گا کہ میں نے اسے اس لیے قتل کیا تاکہ اللہ کی عزت سر بلند رہے تو اس کی بات ٹھیک ہوگی۔ اور اگر یہ بندہ کہے گا کہ میں نے اسے اس لیے قتل کیا تاکہ کسی بندے کی عزت کا کاروبار چلے تو یہ عزت اس کی نہ ہوگی بلکہ یہ قاتل اس قتل کا گناہ اٹھائے گا اور اسے قتل کر دیا جائے گا قاتل اپنے انجام کو پہنچ جائیں گے اور جس طریقہ سے انہوں نے مقتول کو موت کا ذائقہ چکھایا ہوگا اس طریقے سے موت کا ذائقہ چکھیں گے۔

.... وَ حَاقَ بِاٰلِ فِرْعَوْنَ سُوْٓءُ الْعَذَابِ ﴿۴۵﴾ اَلنَّارُ یُعْرَضُوْنَ عَلَیْهَا غُدُوًّا وَّ عَشِیًّا ۚ وَ یَوْمَ تَقُوْمُ السَّاعَةُ ۟ اَدْخِلُوْۤا اٰلَ فِرْعَوْنَ اَشَدَّ الْعَذَابِ ﴿۴۶﴾

اور آل فرعون کو بُرے عذاب نے گھیر لیا۔ ان کو آگ پر صبح شام پیش کیا جاتا ہے۔ اور جس دن قیامت آئے گی تو اس دن حکم ہوگا آل فرعون کو سخت عذاب میں داخل کرو۔

۱۔ ابن کثیر نے اپنی تفسیر ۱۳۷/۷ میں لکھا ہے حضرت ابن مسعودؓ نے فرمایا آل فرعون کی روحیں سیاہ پرندوں کے اندر رکھی گئی ہیں جو صبح شام جہنم پر پیش کیے جاتے ہیں۔ یہ ان کی آگ پر پیشی کا طریقہ ہے۔

۲۔ حاکم نے مستدرک ۲۵۳/۲ مین لکھا ہے حضرت ابن مسعودؓ فرماتے ہیں سرور کونین ﷺ نے فرمایا:

اللہ تعالیٰ ہر نیکی کرنے والے چاہے وہ مسلمان ہو یا کافر ثواب دیتے ہیں۔ ہم نے عرض کیا اے اللہ کے رسول ﷺ کافر کو ثواب کیا ملتا ہے؟ آپ ﷺ نے فرمایا اگر اس نے کوئی صلہ رحمی کی ہو یا صدقہ کیا ہو یا کوئی اور نیکی کی ہو تو اللہ تعالیٰ اسے ثواب کے طور پر مال اولاد اور صحت جیسی نعمتوں سے نوازتے ہیں۔ ہم نے عرض کیا اور آخرت میں کیا ثواب ملے گا تو آپ ﷺ نے فرمایا وہاں تو عذاب ہی عذاب ہے۔ آپؐ نے پھر یہ آیت مبارکہ تلاوت فرمائی ادخلو آل فرعون اشد العذاب۔

* * *

۴۱۔ سورۃ فصلت

وَ مَا كُنۡتُمۡ تَسۡتَتِرُوۡنَ اَنۡ يَّشۡهَدَ عَلَيۡكُمۡ سَمۡعُكُمۡ وَ لَاۤ اَبۡصَارُكُمۡ وَ لَا جُلُوۡدُكُمۡ وَ لٰكِنۡ
ظَنَنۡتُمۡ اَنَّ اللّٰهَ لَا يَعۡلَمُ كَثِيۡرًا مِّمَّا تَعۡمَلُوۡنَ ﴿۲۲﴾ وَ ذٰلِكُمۡ ظَنُّكُمُ الَّذِىۡ ظَنَنۡتُمۡ بِرَبِّكُمۡ
اَرۡدٰٮكُمۡ فَاَصۡبَحۡتُمۡ مِّنَ الۡخٰسِرِيۡنَ ﴿۲۳﴾

اور تم چھپتے نہ تھے کہ تمہارے کان، آنکھیں، چمڑے گواہی دیں گے لیکن تم نے گمان کیا کہ اللہ تعالیٰ تمہارے بہت سے ان اعمال کو نہیں جانتے جو تم کرتے ہو یہی تمہارا وہ گمان ہے جس نے تمہیں ہلاک کیا پس تم خسارہ پانے والے بن گئے۔

ا۔ امام احمد بن حنبل رحمۃ اللہ علیہ نے اپنی مسند ۲۱۸/۵ میں یہ لکھا ہے حضرت ابن مسعودؓ فرماتے ہیں۔

میں کعبہ کے پردوں کی اوٹ میں تھا کہ تین آدمی آئے ایک قریشی تھا دو ثقفی یا ایک ثقفی تھا اور دو قریشی تھے۔ ان کے پیٹ بڑے تھے اور عقلیں چھوٹی تھیں۔ وہ ایسے باتیں کر رہے تھے کہ مجھے سنائی نہیں دے رہا تھا البتہ ان میں سے ایک نے کہا تمہیں کیا خیال ہے کہ اللہ تعالیٰ ہماری یہ باتیں سن رہا ہے؟ دوسرے نے کہا ہمارا خیال یہ ہے کہ اگر ہم بلند آواز سے

بات نہ کریں تو نہیں سنتا۔ تیسرے نے کہا اگر کوئی کچھ سن لیتا ہے تو ساری بھی سن سکتا ہے۔

حضرت ابن مسعودؓ فرماتے ہیں میں نے سرور کونین ﷺ سے اس واقعہ کا تذکرہ کیا تو اللہ تعالیٰ نے یہ آیات نازل فرمادیں۔

وما کنتم تستترون--- من الخاسرین۔

وَ قَالَ الَّذِیْنَ کَفَرُوْا رَبَّنَآ اَرِنَا الَّذَیْنِ اَضَلّٰنَا مِنَ الْجِنِّ وَ الْاِنْسِ .... ﴿۲۹﴾

اور کافر کہیں گے اے ہمارے رب تو ہمیں دکھا وہ لوگ جنہوں نے ہمیں گمراہ کیا ہے وہ جنات سے تھے یا انسانوں سے۔

ا۔ قرطبی نے احکام ۱۵/۳۵۷ میں لکھا ہے اس سے مراد ابلیس اور قابیل ہے جس نے اپنا بھائی قتل کر یا تھا۔

یہ تفسیر حضرت ابن عباس اور حضرت ابن مسعودؓ وغیرہ سے منقول ہے۔

وَ مَنْ اَحْسَنُ قَوْلًا مِّمَّنْ دَعَآ اِلَی اللّٰہِ وَ عَمِلَ صَالِحًا ....﴿۳۳﴾

اور اس سے زیادہ کس کی بات زیادہ اچھی ہے جو اللہ تعالیٰ کی طرف بلاتا اور نیک عمل کرتا ہے۔

۱۔ ابن کثیر نے اپنی تفسیر ۱۶۷/۷ میں لکھا ہے حضرت ابن مسعودؓ نے فرمایا اگر میں موذن ہوتا تو مجھے اس بات کی پرواہ نہ ہوتی کہ میں نے حج نہیں کیا میں نے عمرہ نہیں کیا اور میں نے جہاد نہیں کیا۔

لَا تَسْجُدُوْا لِلشَّمْسِ وَ لَا لِلْقَمَرِ وَ اسْجُدُوْا لِلّٰهِ الَّذِیْ خَلَقَهُنَّ اِنْ كُنْتُمْ اِیَّاهُ تَعْبُدُوْنَ ﴿۳۷﴾ فَاِنِ اسْتَكْبَرُوْا فَالَّذِیْنَ عِنْدَ رَبِّكَ یُسَبِّحُوْنَ لَهٗ بِالَّیْلِ وَ النَّهَارِ وَ هُمْ لَا یَسْـَٔمُوْنَ ۩ ﴿۳۸﴾

تم سورج اور چاند کی مت پوجا کرو اللہ تعالیٰ کو سجدہ کرو جس نے ان کو بنایا اگر تم اسی کی عبادت کرنے والے پس اگر وہ اس کے تکبر اختیار کریں تو وہ لوگ جو تیرے رب کے ہاں ہیں وہ دن رات اس کی تسبیح کرتے ہیں اور اکتاتے نہیں۔

۱۔ حاکم نے مستدرک ۴۴۱/۲ میں لکھا ہے حضرت ابن عباسؓ حم سجدہ کی دونوں آیتوں میں سے آخر آیت پر سجدہ تلاوت کرتے تھے اور حضرت ابن مسعودؓ ان میں سے پہلی آیت پر سجدہ کیا کرتے تھے۔

***

۴۲۔ سورۃ الشوریٰ

یَذْرَؤُكُمْ فِيْهِ ۖ لَيْسَ كَمِثْلِهٖ شَيْءٌ ۚ وَ هُوَ السَّمِيْعُ الْبَصِيْرُ ﴿۱۱﴾

اس کی مثل کوئی چیز نہیں وہی ہر بات کو سننے والا اور دیکھنے والا ہے۔

۱۔ علامہ ربیع نے اپنی مسند ۳/۲۵ میں لکھا ہے ایک آدمی نے حضرت ابن مسعودؓ سے پوچھا میں اللہ تعالیٰ کو کیسے پہچانوں؟ آپؓ نے فرمایا اسے یوں پہچانو کہ وہ ساری مخلوق کا خالق ہے اور یہ نہ سوچو کہ وہ اپنی مخلوق سے کس کے مشابہ ہے اور نہ اپنے دل کو اجازت دو کہ وہ یہ سوچتا رہے کہ اللہ تعالیٰ فلاں چیز جیسا ہے کیونکہ کمثلہ شیٔ۔

۲۔ سیوطی نے الدر ۳/۶ میں لکھا ہے کہ حضرت ابن مسعودؓ اپنے پروردگار کی تعریف کر رہے تھے کہ مصعد نے کہا کتنے ہی اچھے پروردگار کا تذکرہ ہو رہا ہے حضرت ابن مسعودؓ نے فرمایا میں تو اس پروردگار کو اس سے بھی بلند مرتبہ خیال کرتا ہوں (لیس کمثلہ شیٔ وھو السمیع البصیر)

....وَ مَا يُدْرِيْكَ لَعَلَّ السَّاعَةَ قَرِيْبٌ ﴿۱۷﴾

يَسْتَعْجِلُ بِهَا الَّذِيْنَ لَا يُؤْمِنُوْنَ بِهَا ۚ وَ الَّذِيْنَ اٰمَنُوْا مُشْفِقُوْنَ مِنْهَا ۙ وَ يَعْلَمُوْنَ اَنَّهَا الْحَقُّ ؕ .... ﴿۱۸﴾

اور تم کو کیا خبر شاید قیامت قریب ہو۔ اس کو جلد وہ طلب کرتے ہیں جن کا اس پر ایمان نہیں اور ایمان والے اس سے ڈرنے والے ہیں اور وہ جانتے ہیں کہ وہ برحق ہے۔

ا۔ سیوطی نے الدر ۶/۵ میں لکھا ہے حضرت ابن مسعودؓ نے فرمایا:

قیامت تب تک قائم نہ ہوگی جب تک اس کی تمنا کرنے والے تمنا نہ کریں گے، آپ سے آیت مبارکہ کے اگلے حصے یستعجل بھا الذین لا یومنون بھا والذین امنو مشفقون منھا کی تفسیر پوچھی گئی تو آپؓ نے فرمایا مومن تو اس لیے تمنا کریں گے کیونکہ ان کو اپنے ایمان کے بارے میں خوف لاحق ہو جائے گا۔

وَ هُوَ الَّذِیْ یَقْبَلُ التَّوْبَةَ عَنْ عِبَادِهٖ وَ یَعْفُوْا عَنِ السَّیِّاٰتِ وَ یَعْلَمُ مَا تَفْعَلُوْنَ ۙ﴿۲۵﴾

اور وہ وہی ذات ہے جو توبہ کو بندوں سے قبول کرتا ہے اور گناہوں کو معاف کرتا ہے اور جو تم کرتے ہو اس کو جانتا ہے۔

ا۔ امام احمد بن حنبلؒ نے اپنی مسند ۲۲۵-۲۲۶/۵ میں یہ حدیث مبارکہ ذکر کی ہے حضرت ابن مسعودؓ فرماتے ہیں:

بندہ مومن اپنے گناہ کو یوں سمجھتا ہے جیسے وہ پہاڑ کے بالکل نیچے کھڑا ہے اور ڈر ہے کہ پہاڑ اس کے اوپر آ گرے گا جبکہ فاجر آدمی گناہ کو یوں سمجھتا ہے جیسے ایک مکھی اس کے ناک پر بیٹھ گئی ہے اور اس نے اسے یوں کیا اور وہ اڑ گئی۔

یہ فرما کر حضرت ابن مسعودؓ نے فرمایا سرورِ کونین صلی اللہ علیہ وآلہ وسلم نے ارشاد فرمایا تم میں سے کسی کی توبہ سے اللہ تعالیٰ کو اس آدمی سے بڑھ کر خوشی ہوتی ہے جو کسی خطرناک جنگل میں ہو اس کی سواری بھی اس کے ساتھ تھی۔ اس سواری پر اس کا کھانا پینا، زادِ راہ اور دیگر ضرورت کا سامان تھا۔ وہ یہ سواری گم کر بیٹھا، پھر اس کی تلاش میں نکل کھڑا ہوا۔ یہاں تک کہ اسے موت نے آلیا مگر سواری نہ مل سکی کہنے لگا میں اسی جگہ لوٹ جاتا ہوں جہاں سواری گم ہوئی تھی تاکہ وہاں مر سکوں۔

چنانچہ یہ واپس اپنی جگہ پر آگیا اور اسے نیند آگئی۔ جب آنکھ کھلی تو دیکھا کہ اس کی سواری اس کے پاس کھڑی ہے اس کا کھانا پینا، زادِ راہ اور دیگر سامان بھی جوں کا توں اس کے اوپر موجود ہے۔

۲۔ طبری نے جامع ۲۵/۱۸ میں لکھا ہے حضرت ہمام بن الحارث کہتے ہیں ہم لوگ حضرت ابن مسعودؓ کی خدمت میں حاضر ہوئے تاکہ اس آیت مبارکہ وھو الذی یقبل التوبۃ عن عبادہ ویعفو عن السیئات ویعلم ما تفعلون کے متعلق ان سے پوچھیں تو ہم نے دیکھا کہ کچھ لوگ آپؓ کے پاس موجود ہیں اور ایسے مرد کے بارے میں مسئلہ پوچھ رہے ہیں جس نے کسی عورت سے زنا کیا اور پھر شادی کرلی تو حضرت ابن مسعودؓ نے یہ آیت مبارکہ تلاوت فرمائی وھو الذی یقبل التوبۃ عن عبادہ ویعفو عن السیئات ویعلم ما تفعلون۔

وَ یَسۡتَجِیۡبُ الَّذِیۡنَ اٰمَنُوۡا وَ عَمِلُوا الصّٰلِحٰتِ وَ یَزِیۡدُہُمۡ مِّنۡ فَضۡلِہٖ ؕ ....﴿۲۶﴾

اور وہ لوگ قبول کرتے ہیں جو ایمان والے اور نیک عمل والے ہیں اور اپنے فضل سے بڑھاتا ہے۔

ا۔ امام ابن کثیرؒ نے اپنی تفسیر ۷/۱۹۳ میں لکھا ہے حضرت ابن مسعودؓ فرماتے ہیں پیغمبر اسلام ﷺ نے اس آیت مبارکہ کی تفسیر یوں فرمائی کہ ویزیدھم من فضلہ سے مراد یہ ہے کہ ایمان والوں کو ان لوگوں کے حق میں سفارش کا حق دیا جائے گا جن کے لیے جہنم واجب ہو چکی ہوگی اور انھوں نے دنیا میں ان ایمان والوں سے کوئی احسان کیا ہوگا۔

.... ؕ اِنَّ فِیۡ ذٰلِکَ لَاٰیٰتٍ لِّکُلِّ صَبَّارٍ شَکُوۡرٍ ﴿۳۳﴾

بے شک اس میں ہر صبر کرنے والے شکر گزار کے لیے نشانیاں ہیں۔

ا۔ حاکم نے مستدرک ۲/۴۴۶ میں لکھا ہے حضرت ابو ظبیان فرماتے ہیں ہم حضرت علقمہ کے ہاں قرآن مجید پیش کرتے تھے کہ حضرت علقمہ نے یہ آیت مبارکہ تلاوت فرمائی ان فی ذالک لآیات لکل صبار شکور اور فرمایا کہ حضرت ابن مسعودؓ نے ارشاد فرمایا صبر نصف ایمان ہے۔

.... وَ اِنَّکَ لَتَہۡدِیۡۤ اِلٰی صِرَاطٍ مُّسۡتَقِیۡمٍ ﴿۵۲﴾

بیشک تم سیدھے راستے کی طرف رہنمائی کرنے والے ہو۔

۱۔ حاکم نے مستدرک ۲/۴۴۶ میں لکھا ہے حضرت ابن مسعودؓ نے اس آیت مبارکہ کی تفسیر میں فرمایا کہ اس آیت میں صراط مستقیم سے مراد قرآن مجید ہے۔

***

۴۳۔ سورۃ الزخرف

اَهُمْ يَقْسِمُوْنَ رَحْمَتَ رَبِّكَ ؕ نَحْنُ قَسَمْنَا بَيْنَهُمْ مَّعِيْشَتَهُمْ فِي الْحَيٰوةِ الدُّنْيَا وَ رَفَعْنَا بَعْضَهُمْ فَوْقَ بَعْضٍ دَرَجٰتٍ لِّيَتَّخِذَ بَعْضُهُمْ بَعْضًا سُخْرِيًّا ؕ ... ﴿۳۲﴾

کیا تیرے رب کی رحمت یعنی نبوت کو یہ لوگ تقسیم کرنا چاہتے ہیں حالانکہ ہم نے ان کے روزی کے سامان کو ان کے مابین تقسیم کیا ہے۔ اور ایک دوسرے پر ان کے درجات بلند کیے تاکہ وہ ایک دوسرے سے کام نکال سکیں۔

ا۔ حاکم نے مستدرک ۳۳-۳۴/ ا میں لکھا ہے حضرت ابن مسعودؓ فرماتے ہیں سرور کونین صلی اللہ علیہ وآلہ وسلم نے فرمایا:

بلاشبہ اللہ تعالیٰ نے تمہارے درمیان اخلاق بھی ایسے ہی تقسیم فرمائے ہیں جیسے رزق تقسیم فرمایا ہے۔ اللہ تعالیٰ دنیا اس کو بھی دیتے ہیں جس کو پسند فرماتے ہیں اور اسے بھی جسے محبت نہیں فرماتے مگر ایمان کی دولت سے صرف اسے ہی نوازتے ہیں جس سے پیار ہوتا ہے۔

فَلَمَّآ اٰسَفُوْنَا انْتَقَمْنَا مِنْهُمْ فَاَغْرَقْنٰهُمْ اَجْمَعِيْنَ ﴿۵۵﴾

جب انہوں نے ہم کو غصہ دلایا تو ہم نے ان سب سے انتقام لیا اور سب کو ڈبو دیا۔

ا۔ ابن کثیرؒ نے اپنی تفسیر ۷/۲۱۹ میں لکھا ہے حضرت طارق بن شہاب کہتے ہیں میں حضرت ابن مسعودؓ کی خدمت میں حاضر تھا کہ آپ کی محفل میں اچانک آجانے والی موت کا تذکرہ چھڑ گیا آپؓ نے فرمایا یہ مومن کے لیے تخفیف ہے اور کافر کے لیے حسرت ہے۔ پھر آپؓ نے یہ آیت مبارکہ تلاوت فرمائی فلما اسفونا انتقمنا منهم فاغرقناهم اجمعين۔

وَ لَمَّا ضُرِبَ ابْنُ مَرْيَمَ مَثَلًا اِذَا قَوْمُكَ مِنْهُ يَصِدُّوْنَ ﴿۵۷﴾ وَ قَالُوْٓا ءَاٰلِهَتُنَا خَيْرٌ اَمْ هُوَ ؕ مَا ضَرَبُوْهُ لَكَ اِلَّا جَدَلًا ؕ بَلْ هُمْ قَوْمٌ خَصِمُوْنَ ﴿۵۸﴾ اِنْ هُوَ اِلَّا عَبْدٌ اَنْعَمْنَا عَلَيْهِ وَ جَعَلْنٰهُ مَثَلًا لِّبَنِيْٓ اِسْرَآءِيْلَ ؕ ﴿۵۹﴾ وَ لَوْ نَشَآءُ لَجَعَلْنَا مِنْكُمْ مَّلٰٓئِكَةً فِي الْاَرْضِ يَخْلُفُوْنَ ﴿۶۰﴾ وَ اِنَّهٗ لَعِلْمٌ لِّلسَّاعَةِ فَلَا تَمْتَرُنَّ بِهَا وَ اتَّبِعُوْنِ ؕ هٰذَا صِرَاطٌ مُّسْتَقِيْمٌ ﴿۶۱﴾

جب ابن مریم کی مثال بیان کی گئی تو تمہاری قوم خوشی کے مارے شور مچانے لگے اور کہنے لگے ہمارے معبود بہتر ہیں یا عیسیٰ بن مریم۔ یہ بات انہوں نے جھگڑے کی وجہ سے تمہیں کہی ہے۔ اصل بات یہ ہے کہ یہ جھگڑالو لوگ ہیں وہ عیسیٰ تو ایک بندہ ہے جس پر ہم نے انعام کیا اور اسے بنی اسرائیل کے لیے نمونہ قدرت بنا دیا اور اگر ہم چاہیں تو تم میں سے فرشتے پیدا کر دیں جو زمین پر تمہارے نائب بنیں۔ اور بیشک وہ قیامت کی ایک نشانی ہے پس قیامت کے وقوع میں ہر گز شک نہ کرو اور میری بات مانو یہ سیدھا راستہ ہے۔

۱۔ امام احمد بن حنبلؒ نے اپنی مسند ۱۸۹-۱۹۰/۵ میں یہ حدیث مبارکہ ذکر کی ہے حضرت ابن مسعودؓ فرماتے ہیں سرور کائنات صلی اللہ علیہ وآلہٖ وسلم نے فرمایا:

میں معراج کی رات حضرت ابراہیم حضرت موسیٰ اور حضرت عیسیٰ سے ملے انہوں نے آپس میں قیامت کا تذکرہ کیا تو معاملہ حضرت ابراہیم پر چھوڑ دیا۔ حضرت ابراہیمؑ نے فرمایا مجھے تو اس کا کوئی علم نہیں۔ سب نے معاملہ حضرت موسیٰؑ کی طرف لوٹا دیا۔ حضرت موسیٰؑ نے فرمایا مجھے تو کوئی علم نہیں۔ پھر سب نے یہ بات حضرت عیسیٰؑ کے سامنے رکھی تو حضرت عیسیٰؑ نے فرمایا اس کے وقوع کا وقت تو صرف اللہ تعالیٰ ہی جانتے ہیں البتہ اتنی بات ہے کہ اللہ تعالیٰ نے مجھ سے عہد کیا ہوا ہے کہ دجال نکلے گا میرے پاس دو لاٹھیاں ہوں گی۔ وہ جب مجھے دیکھے گا تو ایسے پگھل جائے گا جیسے شیشہ پگھلتا ہے پھر اللہ تعالیٰ اسے ہلاک فرما دیں گے۔

وَ تِلْكَ الْجَنَّةُ الَّتِیْۤ اُوْرِثْتُمُوْهَا بِمَا كُنْتُمْ تَعْمَلُوْنَ ﴿۷۲﴾

یہ وہ جنت ہے جس کا تم کو تمہارے اعمال کی وجہ سے وارث بنایا گیا ہے۔

۱۔ علامہ سیوطی نے الدر ۲۳/۶ میں لکھا ہے حضرت ابن مسعودؓ نے فرمایا:

تم پل صراط سے گزرو گے اللہ تعالیٰ کے فضل سے اور جنت میں داخل ہو گے اللہ تعالیٰ کی رحمت سے اور درجات کی تقسیم ہو گی تمہارے اعمال کے حساب سے۔

وَ قِیْلِهٖ یٰرَبِّ اِنَّ هٰۤؤُلَآءِ قَوْمٌ لَّا یُؤْمِنُوْنَ ﴿۸۸﴾

اور رسول کے اس قول کی قسم !اے میرے رب یہ کفار قریش ایسی قوم ہے جو ایمان قبول نہیں کرتی۔

ابن کثیر نے اپنی تفسیر ۷/۲۳۰ میں لکھا ہے یہ آپ صلی اللہ علیہ وآلہ وسلم کا فرمان ہے مطلب یہ ہے کہ آپ صلی اللہ علیہ وآلہ وسلم نے اپنے رب سے اپنی جھٹلانے والی قوم کا شکوہ کیا ہے اور فرمایا ہے ان هو لا قوم لا يعلمون۔ جیسا کہ اللہ تعالیٰ نے ایک اور آیت مبارکہ میں بتایا ہے وقال الرسول يارب ان قومی اتخذو هذا القرآن مهجورا (الفرقان/۳۰)

اور یہ تفسیر حضرت ابن مسعودؓ اور حضرت مجاہد و قتادہؒ سے منقول ہے۔

***

۴۴۔ سورۃ الدخان

۱۔ امام احمد بن حنبلؒ نے اپنی مسند ۶/۳۰ میں لکھا ہے حضرت ابن مسعودؓ کی خدمت میں ایک آدمی نے آکر عرض کیا کہ میں نے مفصلات ایک ہی رکعت میں پڑھ ڈالی ہیں حضرت ابن مسعودؓ نے فرمایا لیکن اللہ کے پیغمبر صلی اللہ علیہ وآلہ وسلم تو ایسا نہیں کرتے تھے جیسے تو نے کیا ہے۔۔۔۔ چنانچہ ابواسحاق نے ذکر کیا ہے کہ حضرت ابن مسعودؓ کی تالیف کے مطابق دس رکعات میں بیس سورتیں ہوتی تھیں جن میں سے آخری دو سورتوں میں سورۃ التکویر اور سورۃ الدخان ہوتی تھیں۔

۲۔ علامہ سیوطی نے الدر ۶/۲۵ میں لکھا ہے حضرت ابن مسعودؓ نے فرمایا پیغمبر کائنات صلی اللہ علیہ وآلہ وسلم نے نماز مغرب میں سورۃ الدخان کی تلاوت فرمائی۔

فَارْتَقِبْ يَوْمَ تَأْتِي السَّمَآءُ بِدُخَانٍ مُّبِيْنٍ ﴿۱۰﴾ يَّغْشَى النَّاسَ ؕ هٰذَا عَذَابٌ اَلِيْمٌ ﴿۱۱﴾
رَبَّنَا اكْشِفْ عَنَّا الْعَذَابَ اِنَّا مُؤْمِنُوْنَ ﴿۱۲﴾ اَنّٰى لَهُمُ الذِّكْرٰى وَ قَدْ جَآءَهُمْ رَسُوْلٌ
مُّبِيْنٌ ﴿۱۳﴾ ثُمَّ تَوَلَّوْا عَنْهُ وَ قَالُوْا مُعَلَّمٌ مَّجْنُوْنٌ ﴿۱۴﴾ اِنَّا كَاشِفُوا الْعَذَابِ قَلِيْلًا اِنَّكُمْ
عَآئِدُوْنَ ﴿۱۵﴾ يَوْمَ نَبْطِشُ الْبَطْشَةَ الْكُبْرٰى ۚ اِنَّا مُنْتَقِمُوْنَ ﴿۱۶﴾

اور تم ان کے لیے ایک ایسے دن کا انتظار کرو جس دن آسمان سے ایک کھلا دھواں ظاہر ہو گا۔ کہیں گے اے ہمارے رب ہم سے عذاب کو ہٹا دو ہم یقین کرنے والے ہیں وہ کیوں کر یاد کریں گے حالانکہ ان کے پاس نمایاں شان والے رسول آئے انہوں نے رخ پھیرا اور کہا سکھایا ہوا مجنون ہے جب ہم ذرا عذاب دور کریں گے تو تم لوٹ جاؤ گے۔ جس دن ہم بڑی پکڑ میں پکڑیں گے بیشک ہم انتقام لینے والے ہیں۔

۱۔ طبری نے جامع ۲۵/۶۷ میں لکھا ہے حضرت ابن مسعودؓ نے فرمایا بڑی پکڑ سے مراد بدر کا دن ہے اور دھوئیں والی علامت گزر چکی ہے۔

۲۔ امام احمد بن حنبلؒ نے مسند احمد ۲۱۷-۲۱۸/۷ میں ذکر کیا ہے حضرت مسروق فرماتے ہیں ایک آدمی حضرت ابن مسعودؓ کی خدمت میں حاضر ہوا اور عرض کیا مسجد میں ایک بندہ اپنی رائے سے قرآن مجید کی تفسیر کر رہا ہے اور وہ اس آیت مبارکہ یوم تاتی السماء بدخان مبین الخ کی تفسیر یوں کر رہا ہے کہ قیامت والے دن ایک ایسا دھواں ان پر چھا جائے گا جو زکام کی طرح ان کے اندر سے نکلے گا اور انہیں مصیبت میں ڈال دے گا۔

حضرت ابن مسعودؓ نے فرمایا جس کے پاس علم ہو وہ اپنے علم کے مطابق بات کرے اور جو علم نہ رکھتا ہو اسے چاہیئے کہ یوں کہہ دیا کرے اللہ علم۔ کیونکہ آدمی کے سمجھ دار ہونے کی نشانی ہے کہ وہ جس کے بارے میں علم نہ رکھتا ہو کہہ دے اللہ اعلم۔

البتہ اس کی تفسیر یہ ہے کہ اہل مکہ نے جب رحمت کائنات ﷺ کی نافرمانی کی تو آپ ﷺ نے دعا فرمائی کہ اللہ تعالیٰ ان کو بھی حضرت یوسفؑ کے زمانے جیسا قحط دے۔ چنانچہ ان پر

قحط آیا، یہ اتنی تکلیف میں پڑے کہ انہوں نے گری پڑی ہڈیاں کھائیں۔ ان میں سے کوئی آسمان کی طرف دیکھتا تو بھوک کے مارے اسے آسمان اور اپنے درمیان دھواں سا نظر آتا۔

اس موقع پر اللہ تعالیٰ نے یہ آیت نازل فرمائی۔ فارتقب يوم تاتی السماء بدخان مبين يغشى الناس هذا عذاب اليم۔

انہوں نے آپ ﷺ کی خدمت میں حاضر ہو کر عرض کیا اے اللہ کے رسول ﷺ بنو مضر تباہ ہو رہے ہیں ان کے لیے بارش کی دعا فرما دیجیے۔ آپ ﷺ نے ان کے لیے دعا فرمائی اللہ تعالیٰ نے یہ آیت مبارکہ نازل فرمائی انا كاشفوا العذاب پھر جب دوسری بار بارش ہوئی تو یہ دوبارہ وہی کچھ کرنے لگے پھر یہ آیت مبارکہ نازل ہوئی يوم نبطش البطشة الكبرى انا منتقمون۔ یہ بدر کا دن تھا۔

اِنَّ شَجَرَتَ الزَّقُّوْمِ ﴿۴۳﴾ طَعَامُ الْاَثِيْمِ ﴿۴۴﴾

بیشک زقوم کا درخت گناہگاروں کا کھانا ہے۔

۱۔ قرطبی نے احکام ۱۶/۱۳۹ میں لکھا ہے حضرت ابن مسعودؓ نے ایک آدمی کو یہ آیت مبارکہ سکھائی ان شجرة الزقوم، طعام الاثيم۔ وہ آدمی یوں پڑھے طعام الیتیم، حضرت ابن مسعودؓ نے اسے درست پڑھایا لیکن اس نے دوبارہ بھی غلط ہی پڑھا۔ حضرت محسوس کر

گئے کہ یہ درست ادائیگی کر ہی نہیں سکتا۔ آپؓ نے اس سے پوچھا یوں پڑھ سکتا ہے طعام الفاجراس نے کہا جی ہاں۔ آپؓ نے فرمایا اسی طرح پڑھ لے۔

***

۴۵۔ سورۃ الجاثیۃ

۴۶۔ سورۃ الاحقاف

ا۔ امام احمد بن حنبلؒ نے اپنی مسند ۳/۶ میں لکھ ہے حضرت ابن مسعودؓ نے فرمایا ختم والی سورتوں میں ایک تیس آیات والی سورت مجھے پیغمبر کائنات سرور دو عالم صلی اللہ علیہ وآلہ وسلم نے پڑھائی۔ اور وہ سورۃ احقاف ہے اور ہوتا یہ تھا کہ جس سورۃ کی تیس سے زیادہ آیات ہوتیں اسے ثلاثین کا نام دیا جاتا۔

وَ اِذْ صَرَفْنَآ اِلَيْكَ نَفَرًا مِّنَ الْجِنِّ يَسْتَمِعُوْنَ الْقُرْاٰنَ ۚ فَلَمَّا حَضَرُوْهُ قَالُوْٓا اَنْصِتُوْا ۚ
فَلَمَّا قُضِيَ وَ لَّوْا اِلٰى قَوْمِهِمْ مُّنْذِرِيْنَ ﴿۲۹﴾ قَالُوْا يٰقَوْمَنَآ اِنَّا سَمِعْنَا كِتٰبًا اُنْزِلَ مِنْۢ بَعْدِ
مُوْسٰى مُصَدِّقًا لِّمَا بَيْنَ يَدَيْهِ يَهْدِيْٓ اِلَى الْحَقِّ وَ اِلٰى طَرِيْقٍ مُّسْتَقِيْمٍ ﴿۳۰﴾

اور اے پیغمبر! اس واقعہ کو بیان کریں جب جنات کی ایک جماعت کو آپ کی طرف متوجہ کر دیا اور وہ قرآن سننے لگے غرض جب وہ قرآن کی تلاوت کے پاس آپہنچے تو آپس میں کہنے لگے خاموش ہو جاؤ پھر جب قرآن کی تلاوت ہو چکی تو وہ جن اپنی قوم کو آگاہ کرنے کے لیے ان کے پاس واپس چلے گئے وہاں جا کر انہوں نے کہا ہم ایک ایسی کتاب سن کر آئے ہیں جو

موسیٰؑ کے بعد اتری اور وہ کتاب اپنے سے پہلے تمام آسمانی کتابوں کی تصدیق کرتی ہے وہ کتاب دین حق اور سیدھی راہ کی طرف رہنمائی کرتی ہے۔

۱۔ امام احمد بن حنبلؒ نے اپنی مسند ۲۵/۶ میں یہ روایت درج فرمائی ہے حضرت ابن مسعودؓ فرماتے ہیں:

رسالتمآب صلی اللہ علیہ وآلہ وسلم نے گزشتہ رات جنوں کو قرآن پاک سنایا۔

۲۔ امام مسلم نے اپنی صحیح مسلم ۳۳۳/۱ میں لکھا ہے حضرت ابن مسعودؓ نے فرمایا میں جنوں والی رات آپ صلی اللہ علیہ وآلہ وسلم کے ہمراہ نہیں تھا البتہ مجھے یہ پسند ہے کہ میں آپ صلی اللہ علیہ وآلہ وسلم کے ہمراہ ہوتا۔

۳۔ امام احمد بن حنبل نے اپنی مسند ۹۳-۹۴/۶ میں لکھا ہے حضرت علقمہ فرماتے ہیں میں نے حضرت ابن مسعودؓ سے پوچھا جنوں کہ رات آپ میں سے کوئی رحمت کائنات صلی اللہ علیہ وآلہ وسلم کے ہمراہ تھا۔ حضرت ابن مسعودؓ نے فرمایا ہم میں سے کوئی آپ صلی اللہ علیہ وآلہ وسلم کے ہمراہ نہیں تھا البتہ ہم نے آپ صلی اللہ علیہ وآلہ وسلم کی عدم موجودگی محسوس کی تھی۔ ہم کہنے لگے پتہ نہیں آپ صلی اللہ علیہ وآلہ وسلم کو شہید کر دیا گیا ہے یا اٹھا لیا گیا ہے یا پھر جانے کیا ہوا ہے۔ وہ رات انتہائی مشکل رات تھی۔

جب صبح ہوئی۔۔ یا آپؓ نے فرمایا جب سحری کا وقت ہوا تو ہم نے دیکھا کہ آپ صلی اللہ علیہ وآلہ وسلم حرا کی طرف سے تشریف لا رہے ہیں۔ ہم نے اپنے اوپر گزرنے والی کیفیت آپ صلی اللہ علیہ وآلہ وسلم سے بیان کی تو آپ صلی اللہ علیہ وآلہ وسلم نے فرمایا:

جنوں نے مجھے بلایا تھا میں ان کے پاس گیا اور انہیں قرآن مجید پڑھ کے سنایا۔ حضرت ابن مسعودؓ فرماتے ہیں۔ پھر آپ ﷺ ہمیں لے کر وہاں تشریف لائے اور مجھے جنوں کے نشانات اور ان کی آگ کے آثار دکھائے۔ یہ جن جزیرہ کے رہنے والے تھے۔

۴۔ حاکم نے مستدرک ۴۵۶/۲ میں لکھا ہے حضرت ابن مسعودؓ نے فرمایا:

رحمت دو عالم ﷺ بطن نخلہ میں تلاوت قرآن حکیم میں مصروف تھے کہ جن وہاں آ گئے جب انہوں نے قرآن مجید سنا تو کہنے لگے خاموش ہو جاؤ۔ انہوں نے مہ کا لفظ بولا۔ یہ نو تھے۔ ان میں سے ایک کا نام زربعہ تھا۔

اس موقع پر اللہ تعالیٰ نے یہ آیات مبارکہ نازل فرمائیں:

واذ صرفنا الیک نفرا من الجن یستمعون القرآن فلما حضروہ قالوا انصتو سے ضلال مبین تک۔

۵۔ امام بخاریؒ نے اپنی صحیح بخاری میں ۴۶/۵ میں لکھا ہے حضرت معن بن عبد الرحمن کہتے ہیں میں نے اپنے والد صاحب کو یہ فرماتے سنا تھا اس رات کس نے انہیں بتایا کہ یہ نبی پاک ﷺ ہیں۔ حضرت مسروق نے فرمایا مجھے آپ کے والد محترم نے بتایا تھا کہ ایک درخت نے انہیں اس بات کی خبر دی تھی۔

۶۔ امام احمد بن حنبلؒ نے اپنی مسند ۱۷۷-۱۷۸/۶ میں لکھا ہے حضرت ابن مسعودؓ نے فرمایا:

ہم مکہ مکرمہ میں رحمت کائنات ﷺ کے ہمراہ تھے آپ ﷺ اپنے صحابہ کرامؓ ایک جماعت میں تھے کہ آپ ﷺ نے فرمایا تم میں سے ایک آدمی میرے ساتھ کھڑا ہو جائے اور دیکھو ایسا آدمی کھڑا نہ ہو جس کے دل میں ذرہ برابر بھی دھوکہ ہو۔

حضرت ابن مسعودؓ فرماتے ہیں میں آپ ﷺ کے ہمراہ ہولیا۔ ہم باہر نکل گئے اور مکہ کی بلند جگہ پر پہنچ گئے میں نے وہاں بہت بڑا مجمع دیکھا۔ آپ ﷺ نے میرے لیے ایک لکیر کھینچی اور فرمایا میرے آنے تک یہیں کھڑے رہنا۔ حضرت ابن مسعودؓ فرماتے ہیں میں وہیں کھڑا ہوگیا جبکہ رسالتمآب ﷺ ان کی طرف تشریف لے گئے۔ میں نے ان لوگوں کو دیکھا کہ وہ چھلانگیں لگا لگا کر آپ ﷺ کی طرف آرہے ہیں۔ آپ ﷺ نے رات کا طویل حصہ ان کے ساتھ گزارا اور فجر کے وقت میرے پاس تشریف لائے اور مجھے فرمایا اے ابن مسعودؓ آپ یوں ہی کھڑے رہے؟ میں نے عرض کیا آپ نے یہی نہیں فرمایا تھا کہ میرے آنے تک کھڑے رہو۔ پھر آپؐ نے پوچھا کیا آپ کا وضو ہے۔ جب آپؐ نماز کے لیے کھڑے ہوئے تو ان لوگوں میں سے دو آدمی آ گئے۔ ان دونوں نے عرض کیا اے اللہ کے رسول ﷺ ہم پسند کرتے ہیں کہ آپ ہماری امامت کروائیں۔

جب ہم واپس لوٹے تو میں نے آپؐ سے پوچھا اے اللہ کے رسول ﷺ یہ کون لوگ ہیں؟ آپؐ نے فرمایا یہ نصیبین کے جن ہیں جو اپنے بعض تصفیہ طلب معاملات میرے پاس لے کر آئے ہیں۔

۷۔ امام احمد بن حنبلؒ نے اپنی مسند ۱۴۴/۶ میں لکھا ہے حضرت ابن مسعودؓ نے فرمایا؛

میں جنوں کے وفد والی رات پیغمبر کائنات ﷺ کے ہمراہ تھا، جب آپ ﷺ واپس لوٹے تو آپ سانس لینے میں دشواری محسوس فرمارہے تھے میں نے پوچھا آپ ﷺ کا کیا حال ہے؟ تو آپ ﷺ نے فرمایا اے ابن مسعود!

***

۴۷۔ سورۃ محمد

مَثَلُ الْجَنَّةِ الَّتِیْ وُعِدَ الْمُتَّقُوْنَ ؕ فِیْهَاۤ اَنْهٰرٌ مِّنْ مَّآءٍ غَیْرِ اٰسِنٍ ۚ وَ اَنْهٰرٌ مِّنْ لَّبَنٍ لَّمْ یَتَغَیَّرْ طَعْمُهٗ ۚ وَ اَنْهٰرٌ مِّنْ خَمْرٍ لَّذَّةٍ لِّلشّٰرِبِیْنَ ۚ۬ وَ اَنْهٰرٌ مِّنْ عَسَلٍ مُّصَفًّى ؕ وَ لَهُمْ فِیْهَا مِنْ كُلِّ الثَّمَرٰتِ وَ مَغْفِرَةٌ مِّنْ رَّبِّهِمْ ؕ .... ﴿۱۵﴾

جس جنت کا اہل تقوی سے وعدہ کیا گیا ہے اس کا حال یہ ہے کہ اس میں ایسے پانی کی نہریں ہیں جس پانی کے رنگ و بو اور ذائقہ میں ذرا تبدیلی نہ ہوگی، اور ایسے دودھ کی نہریں ہیں جس کا ذائقہ ذرا نہ بدلے گا اور ایسی شراب کی نہریں ہیں جو پینے والوں کے لیے بہت مزیدار ہوں گی اور ایسے شہد کی نہریں جو بالکل خالص ہے۔ اور ان اہل جنت کے لیے ہر قسم کے پھل ہوں گے اور ان کے رب کی طرف سے ان کے لیے بہت بڑی مغفرت ہوگی۔

۱۔ امام ابن کثیرؒ نے اپنی تفسیر ۷/۲۹۵ میں لکھا ہے حضرت ابن مسعودؓ نے فرمایا جنت کی نہریں مشک کے پہاڑ سے پھوٹتی ہیں۔

فَهَلْ یَنْظُرُوْنَ اِلَّا السَّاعَةَ اَنْ تَاْتِیَهُمْ بَغْتَةً ۚ فَقَدْ جَآءَ اَشْرَاطُهَا ۚ فَاَنّٰى لَهُمْ اِذَا جَآءَتْهُمْ ذِكْرٰىهُمْ ﴿۱۸﴾

پھر کیا یہ بس قیامت کے منتظر ہیں کہ وہ ان کے پاس آجائے اچانک پس یقیناً اس کی نشانیاں تو آچکی ہیں جب وہ آجائے گی تو ان کو سمجھنا کیسے میسر ہو گا۔

۱۔ امام احمد بن حنبلؒ نے اپنی مسند ۵/۲۵۷ میں یہ حدیث مبارکہ درج فرمائی ہے۔ حضرت ابو وائل فرماتے ہیں میں حضرت ابن مسعودؓ اور حضرت ابو موسیٰؓ کے ساتھ بیٹھا تھا کہ آپ دونوں حضرات نے فرمایا:

پیغمبر کائنات صلی اللہ علیہ وآلہ وسلم کا ارشاد مبارک ہے:

بلاشبہ قیامت سے پہلے ایسے دن بھی آئیں گے کہ جہالت کا نزول ہو گا اور علم اٹھا لیا جائے گا اور ہرج کی کثرت ہو جائے گی۔ ہم نے عرض کیا ہرج کیا ہوتا ہے۔ آپؐ نے فرمایا قتل۔

۲۔ امام احمد بن حنبلؒ نے اپنی مسند ۵/۳۳۳ میں لکھا ہے حضرت طارق بن شہاب فرماتے ہیں ہم لوگ حضرت ابن مسعودؓ کی خدمت میں بیٹھے تھے تو آپؓ نے یہ حدیث مبارکہ ذکر فرمائی۔

قیامت سے پہلے ایسا ہو گا کہ جان پہچان والے کو ہی سلام کیا جائے گا۔ کاروبار اتنے پھیل جائیں گے کہ عورت کو تجارت میں اپنے خاوند کی مدد کرنی پڑے گی رشتہ داری توڑی جائے گی، جھوٹی گواہی دی جانے لگے گی، سچی گواہی چھپائی جائے گی اور لکھنے لکھانے کا کام عام ہو جائے گا۔

۳۔ امام مسلم نے اپنی صحیح ۲۲۲۳-۲۲۲۴/۴ میں یہ حدیث مبارکہ درج فرمائی ہے حضرت یسیر بن جابر فرماتے ہیں:

ایک دفعہ کوفہ میں سرخ آندھی چلی ایک آدمی آیا اس کی زبان پر صرف یہی الفاظ تھے اے ابن مسعودؓ قیامت آگئی ۔ حضرت ابن مسعودؓ تکیہ لگائے ہوئے تھے کہ سیدھے بیٹھ گئے اور فرمایا قیامت اس وقت تک قائم نہ ہوگی جب تک ایسی نوبت نہ آجائے کہ وراثت تقسیم نہ ہوسکے اور مال غنیمت پر خوش ہونے والا کوئی نہ ہو۔ پھر آپ نے ملک شام کی طرف اشارہ کر کے فرمایا وہ ان مسلمانوں سے لڑنے کے لیے ایک لشکر جمع ہوگا اور مسلمان بھی ان سے لڑنے کے لیے ایک لشکر جمع کریں گے ۔

حضرت یسیر بن جابر کہتے ہیں میں نے پوچھا آپ کی مراد اہل روم ہیں۔ حضرت ابن مسعودؓ نے فرمایا ہاں ۔ ۔ اس وقت بڑی سخت لڑائی ہوگی مسلمان کچھ لوگوں کو اس شرط پر تیار کریں گے کہ وہ مرجائیں گے مگر غالب آئے بغیر واپس نہیں آئیں گے ۔ چنانچہ ان کی لڑائی شروع ہوجائے گی حتیٰ کہ رات ہوجائے گی۔ دونوں گروہ بغیر واپس آئے لوٹ جائیں گے جبکہ مسلمانوں کا یہ گروہ ختم ہوچکا ہوگا۔ مسلمان پھر ایک اور جماعت کو اس شرط پر تیار کریں گے کہ وہ غالب آئے بغیر واپس نہ آئے ۔ ان کی لڑائی شروع ہوگی حتیٰ کہ رات آجائے گی دونوں گروہ بغیر غالب آئے واپس لوٹ جائیں گے جبکہ مسلمانوں کا یہ مخصوص گروہ فنا ہوچکا ہوگا۔

مسلمان پھر ایک جنگی جماعت اس شرط پر ترتیب دیں گے کہ وہ لوگ مرجائیں گے مگر غالب آئے بنا واپس نہ آئیں گے ۔ یہ جماعت کفار سے جنگ کرے گی یہاں تک کہ شام ہو

جائے گی۔ دونوں گروہ بغیر غالب آئے واپس ہوجائیں گے جبکہ مسلمانوں کی یہ جماعت جنگ میں کام آجائے گی۔

پھر جب چوتھا دن ہوگا تو باقی تمام اہل اسلام کافروں پر ٹوٹ پڑیں گے اللہ تعالیٰ کفار پر شکست کو مسلط کردیں گے پس وہ سخت لڑائی کریں گے جو پہلے دیکھی سنی نہ گئی ہوگی یہ ان تک کہ مقتولین کے اطراف پرندہ گزرے گا وہ ان کو عبور نہ کرپائے گا کہ مرجائے گا پھر وہ گویا اگر سو کی تعداد میں تھے انمیں کا ایک زندہ بچے گا۔ توان کو غنیمت پر کچھ جوشی نہ ہوگی۔ وہ کیا میراث تقسیم کریں گے۔ وہ اسی حال میں ہوں گے کہ ان کو اطلاع ملے گی کہ دجال ان کے علاقوں میں پہنچ گیا ہے۔ وہ سب کچھ چھوڑ کر ادھر متوجہ ہوں گے اور دس شہسوار بطور جاسوس روانہ کریں گے جناب رسول ﷺ نے فرمایا مین ان کے باپوں سمیت ان کے ناموں سے اوران کے گھوڑوں کے رنگ سے واقف ہوں وہ اس وقت کے سب سے بہتر سوار ہوں گے۔

پیغمبر کائنات ﷺ نے فرمایا میں ان کے نام بھی جانتا ہوں۔ ان کے آبا کے نام بھی جانتا ہوں اوران کے گھوڑوں کے رنگ بھی مجھے پتہ ہیں۔ وہ اس دن کرہ ارض پر سب سے بہترین گھڑ سوار ہوں گے یا آپؐ نے یوں فرمایا کہ وہ اس دن کرہ ارض ہر سب سے بہتر گھڑسواروں میں سے ہوں گے۔

۴۔ علامہ سیوطی نے الدر ۶/۵۲ میں لکھا ہے کہ بیھقی نے یہ روایت درج فرمائی ہے کہ حضرت حسنؓ فرماتے ہیں کہ حضرت علیؓ نے فرمایا میں علم کی تلاش میں کوفہ پہنچا تو وہاں ابن

مسعودؓ سے ملاقات ہوگئی۔ میں نے ان سے پوچھا اے ابو عبدالرحمن! آپ کو قیامت کے متعلق کوئی علم ہے؟ حضرت ابن مسعودؓ نے فرمایا میں نے رسالت مآب ﷺ سے اس کے متعلق پوچھا تھا تو آپؐ نے فرمایا تھا، قیامت کی نشانیوں میں سے یہ ہے کہ :

جھوٹے کو سچا کہا جائے گا خائن کو امانتیں سونپی جائیں گی۔ امانتدار خیانت کرے گا، ہر قبیلہ اور بازار کی سرداری فاسق لوگوں کے پاس ہوگی، جنگیں چھڑ جائیں گی، دل ویران ہو جائیں گے، مرد مردوں پر اور عورتیں عورتوں پر اکتفا کرنے لگ جائیں گی۔ دنیا کا آباد حصہ ویران ہو جائے گا اور کھنڈرات آباد کیے جائیں گے۔ فتنے نمودار ہوں گے۔ سود کھایا جائے گا گانے کے آلات اور خزانے دریافت ہوں گے۔ شراب نوشی ہوگی۔ پر لیس بہت زیادہ ہو جائے گی اور عیب جو اور طعنہ زنوں کی کثرت ہوگی۔

۵۔ امام ابن ماجہ نے اپنی سنن ۱۳۴۹/ ۲ میں یہ حدیث مبارکہ درج فرمائی ہے حضرت ابن مسعودؓ فرماتے ہیں نبی پاک ﷺ نے فرمایا :

قیامت سے چہرے مسخ ہوں گے، زمین میں دھنسنے کے واقعات ہوں گے اور تہمتیں لگائی جائیں گی۔

۶۔ امام احمد بن حنبلؒ نے اپنی مسند ۲۷۷-۲۷۸/ ۵ میں یہ حدیث مبارکہ نقل فرمائی ہے کہ حضرت ابن مسعودؓ فرماتے ہیں آقاؐ نے فرمایا :

قیامت برے لوگوں پر قائم ہوگی۔

۷۔ حاکم نے مستدرک ۴۹۴/۴ میں یہ حدیث مبارکہ ذکر فرمائی ہے کہ حضرت ابن مسعودؓ فرماتے ہیں میں نے پیغمبر دو جہان ﷺ کو یہ فرماتے سنا کہ :

قیامت تب قائم ہوگی جب زمین پر اللہ اللہ نہیں کہا جائے گا۔

۸۔ امام احمد بن حنبلؒ نے اپنی مسند ۱۹۶-۱۹۷/۵ میں یہ حدیث مبارکہ درج فرمائی ہے حضرت ابن مسعودؓ فرماتے ہیں آقائے نامدار ﷺ نے فرمایا :

قیامت تب قائم ہوگی جب میرے اہل بیت میں میرا ایک ہم نام آدمی آئے گا۔

***

۴۸۔ سورۃ الفتح

ا۔ امام احمد بن حنبلؒ نے اپنی مسند ۱۹۴-۱۹۵/۶ میں یہ روایت درج فرمائی ہے حضرت علقمہ فرماتے ہیں میں نے حضرت ابن مسعودؓ علیہ کو فرماتے سنا کہ ہم لوگ رسول خدا صلی اللہ علیہ وآلہ وسلم کے ہمراہ حدیبیہ سے واپس آرہے تھے کہ آپؐ نے فرمایا ہمارا پہریدار کون ہوگا؟ حضرت بلالؓ نے فرمایا میں۔ اللہ کے رسول نے فرمایا۔ ۔ ۔ ۔ ۔ ۔ ۔ حضرت ابن مسعودؓ نے فرمایا کہ سورج کے طلوع ہونے تک سب سوئے رہے، پھر چند لوگوں کی آنکھ کھل گئی، ان میں فلاں فلاں اور حضرت عمر فاروقؓ بھی تھے۔ ہم نے کہا آپس میں باتیں کرو چنانچہ آپؐ بھی بیدار ہو گئے اور فرمایا نماز پڑھ لو۔ ہم نے نماز پڑھ لی، آپؐ نے فرمایا جو سو جائے یا بھول جائے تو ایسا ہی کر لیا کرے۔

حضرت ابن مسعودؓ نے فرمایا سرکار دو عالم صلی اللہ علیہ وآلہ وسلم کی اونٹنی راستہ بھول گئی میں اس کی تلاش میں نکلا تو دیکھا کہ اس کی رسی ایک پودے کے ساتھ اٹک گئی تھی۔ میں اسے لے کر آپ صلی اللہ علیہ وآلہ وسلم کی خدمت میں حاضر ہوا تو آپؐ خوش ہو کر اس پر سوار ہو گئے۔ آپؐ پر جب وحی

نازل ہوتی تھی تو آپ پر یہ وقت بڑا گراں ہوتا تھا اور ہم آپؐ کے چہرہ مبارک سے اس کیفیت کا اندازہ لگا لیتے تھے۔ چنانچہ اب بھی ایسا ہی ہوا آپؐ ایک طرف کو ہو گئے اور اپنا سر مبارک کپڑے سے ڈھانپ لیا۔ بڑی سخت کیفیت کا سامنہ تھا ہمیں پتہ چل گیا کہ وحی نازل ہو رہی ہے۔ پھر آپ صلی اللہ علیہ وآلہ وسلم ہمارے پاس تشریف لائے اور ہمیں بتایا کہ ابھی ابھی انا فتحنا لک فتحا مبینا نازل ہوئی ہے۔

اِنَّا فَتَحْنَا لَكَ فَتْحًا مُّبِيْنًا ۙ﴿۱﴾

بیشک ہم نے تم کو واضح فتح عنایت کی ہے۔

ا۔ ابن کثیر نے اپنی تفسیر ۷/۳۰۷ میں لکھا ہے حضرت ابن مسعودؓ وغیرہ سے مروی ہے کہ تم فتح مکہ کو فتح مبین کہتے ہو جبکہ ہم صلح حدیبیہ کو فتح قرار دیتے ہیں۔

هُوَ الَّذِيْٓ اَنْزَلَ السَّكِيْنَةَ فِيْ قُلُوْبِ الْمُؤْمِنِيْنَ لِيَزْدَادُوْٓا اِيْمَانًا مَّعَ اِيْمَانِهِمْ ۭ ....﴿۴﴾

وہی ذات ہے جس نے ایمان داروں کے دلوں میں سکون کو اتارا تاکہ ان کا ایمان ایمان کے ساتھ ترقی کرے۔

ا۔ سیوطی نے الدر ۷/۶ میں لکھا ہے حضرت ابن مسعودؓ نے اس آیت مبارکہ ایمانا مع ایمانھم کی تفسیر میں فرمایا مراد یہ ہے کہ ان کی تصدیق کے ساتھ تصدیق۔

مُحَمَّدٌ رَّسُوْلُ اللّٰهِ ؕ وَ الَّذِيْنَ مَعَهٗۤ اَشِدَّآءُ عَلَى الْكُفَّارِ رُحَمَآءُ بَيْنَهُمْ تَرٰىهُمْ رُكَّعًا سُجَّدًا يَّبْتَغُوْنَ فَضْلًا مِّنَ اللّٰهِ وَ رِضْوَانًا ٘ سِيْمَاهُمْ فِيْ وُجُوْهِهِمْ مِّنْ اَثَرِ السُّجُوْدِ ؕ ذٰلِكَ مَثَلُهُمْ فِي التَّوْرٰىةِ ۛۖۚ وَ مَثَلُهُمْ فِي الْاِنْجِيْلِ ۛ۫ۚ كَزَرْعٍ اَخْرَجَ شَطْـَٔهٗ فَاٰزَرَهٗ فَاسْتَغْلَظَ فَاسْتَوٰى عَلٰى سُوْقِهٖ يُعْجِبُ الزُّرَّاعَ لِيَغِيْظَ بِهِمُ الْكُفَّارَ ؕ .... ﴿۲۹﴾

محمد اللہ کے رسول ہیں اور وہ لوگ جو ان کے ساتھ ہیں وہ کفار پر سخت ہیں اور اپنے مابین رحم دل ہیں تم ان کو رکوع اور سجدے کی حالت میں پاؤ گے وہ اللہ تعالیٰ کے فضل اور اس کی رضا مندی کو چاہنے والے ہیں ان کی علامت ان کے چہروں پر سجدوں کے نشانات ہیں یہ ان کی حالت تورات میں ذکر کی گئی ہے اور ان کی مثال انجیل میں اس طرح کہ جیسے کھیتی جو اپنی سوتی نکالے پھر وہ مضبوط ہوئی اور موٹی ہو گئی پھر وہ اپنی پوری پر کھڑی ہو گئی کسان کو وہ کھیتی خوب بھاتی ہے تا کہ اس کے کفار کو غصہ دلائے۔

سیوطی نے الدر ۱۳۲/۳ میں لکھا ہے کہ زبیر بن بکار نے اخبار المدینۃ مین ابو نعیم الدلائل میں لکھا ہے حضرت ابن مسعودؓ فرماتے ہیں سرور دو عالم ﷺ نے فرمایا:

ان کی صفت احمد المتوکل ہے۔ ولادت کی جگہ مکہ مکرمہ ہے۔ ہجرت گاہ مدینہ منورہ ہے۔ نہ سخت گو ہے نہ فحش گو، اچھائی کا بدلہ اچھائی سے دیتا ہے۔ برائی کا بدلہ نہیں لیتا۔ اس کی امت حمادون ہے۔ وہ تہبند پنڈلیوں تک باندھتے ہیں۔ ان کے اعضاء چمک دار ہون گے، ان کے صحائف ان کے سینوں میں ہیں۔ لڑائی کی صف کی طرح نماز کی صفیں باندھتے ہیں۔ وہ اپنے خون سے میرا قرب حاصل کرنے والے ہیں وہ رات کو عبادت گزاروں کے میدان کے شیر ہیں۔

۲۔ حاکم نے مستدرک ۲/۴۶۱ میں لکھا ہے۔ حضرت خیثمہ کہتے ہیں، ایک آدمی نے حضرت ابن مسعودؓ سے سورۃ فتح پڑھی جب وہ اس آیت مبارکہ پر پہنچا کزرع اخرج شطاه فاستغلظ فاستوى على سوقه يعجب الزراع ليغيظ بهم الكفار۔ تو حضرت ابن مسعودؓ نے فرمایا تم کھیتی ہو جس کی کٹائی کا وقت آن پہنچا ہے۔

***

۴۹۔ سورۃ الحجرات

يَاَيُّهَا الَّذِيْنَ اٰمَنُوْا لَا تَرْفَعُوْٓا اَصْوَاتَكُمْ فَوْقَ صَوْتِ النَّبِيِّ .... ﴿۲﴾

اے ایمان والو! اپنی آوازوں کو نبی پاک صلی اللہ علیہ وآلہ وسلم کی آواز سے بلند مت کرو۔

ا۔ سیوطی نے الدر ۸۶/۹ میں لکھا ہے حضرت ابن مسعودؓ نے اس آیت مبارکہ کی تفسیر میں فرمایا کہ یہ آیت مبارکہ قیس بن شماس کے بارے میں نازل ہوئی۔

وَ اِنْ طَآئِفَتٰنِ مِنَ الْمُؤْمِنِيْنَ اقْتَتَلُوْا فَاَصْلِحُوْا بَيْنَهُمَا ۚ فَاِنْۢ بَغَتْ اِحْدٰىهُمَا عَلَى الْاُخْرٰى فَقَاتِلُوا الَّتِيْ تَبْغِيْ حَتّٰى تَفِيْٓءَ اِلٰٓى اَمْرِ اللّٰهِ ۚ .... ﴿۹﴾

اگر مومنوں کے گروہ باہمی لڑپڑیں تو ان کے مابین صلح کراؤ اگر ان میں ایک سرکشی اختیار کرے تو تم اس سے قتال کرو جو سرکشی کرے یہاں تک کہ وہ اللہ تعالیٰ کے حکم کی طرف لوٹ آئے۔

ا۔ حاکم نے مستدرک ۱۵۵/۲ میں یہ روایت درج کی ہے:

اللہ کے پیغمبر صلی اللہ علیہ وآلہ وسلم نے حضرت ابن مسعودؓ سے فرمایا اے ابن مسعود! کیا آپ جانتے ہیں اس امت کے باغیوں کے بارے میں اللہ تعالیٰ کا حکم کیا ہے؟ حضرت ابن مسعودؓ نے عرض کیا اللہ تعالیٰ اور اس کے پیغمبر صلی اللہ علیہ وآلہ وسلم کو بہتر علم ہے۔ آپ صلی اللہ علیہ وآلہ وسلم نے فرمایا ان کے بارے میں اللہ تعالیٰ کا حکم یہ ہے کہ ان کے بھاگنے والے کا پیچھا نہ کیا جائے۔

...وَ لَا تَلۡمِزُوۡۤا اَنۡفُسَکُمۡ وَ لَا تَنَابَزُوۡا بِالۡاَلۡقَابِ ؕ بِئۡسَ الِاسۡمُ الۡفُسُوۡقُ بَعۡدَ الۡاِیۡمَانِ ۚ ﴿۱۱﴾....

برے القاب سے مت پکارو۔ ایمان کے بعد فسق والا نام بہت برا ہے۔

۱۔ علامہ سیوطی نے الدر ۶/۹۱ میں لکھا ہے حضرت ابن مسعودؓ نے اس آیت مبارکہ کی تفسیر میں فرمایا:

مطلب یہ ہے کہ مسلمان ہو جانے والے کو کوئی اے یہودی! اے عیسائی! اے مجوسی! کہے اور کسی مسلمان کو اے گنہگار! کہے۔

یٰۤاَیُّهَا الَّذِیۡنَ اٰمَنُوا اجۡتَنِبُوۡا کَثِیۡرًا مِّنَ الظَّنِّ ۫ اِنَّ بَعۡضَ الظَّنِّ اِثۡمٌ وَّ لَا تَجَسَّسُوۡا وَ لَا یَغۡتَبۡ...

اے ایمان والو! بہت گمان سے احتراز کرو اس لیے کہ بعض گمان گناہ ہیں اور عیب مت ڈھونڈو۔

۱۔ امام ابوداوٗدؒ نے اپنی سنن ۲/۱۹۴ میں یہ لکھا ہے:

حضرت ابن مسعودؓ کے پاس ایک آدمی لایا گیا اور آپؓ نے کہا گیا اس آدمی کی داڑھی سے شراب کے قطرے گر رہے ہیں۔ حضرت ابن مسعودؓ نے فرمایا ہمیں تجسس اور ٹوہ لگانے سے منع کیا گیا ہے البتہ اگر کوئی چیز واضح ہو تو ہم اس کے متعلق حکم لگائیں گے۔

اَیُحِبُّ اَحَدُکُمْ اَنْ یَّاْکُلَ لَحْمَ اَخِیْهِ مَیْتًا فَکَرِهْتُمُوْهُ ط .... (۱۲)

اور ایک دوسرے کی غیبت مت کرو کیا تم میں سے کوئی پسند کرتا ہے کہ وہ اپنے مردہ بھائی کا گوشت کھائے پس تم اس کو ناپسند کرتے ہو۔

۱۔ طبری نے جامع ۲۶/۸۶ میں لکھا ہے حضرت قاسم معاویہ کہتے ہیں میں نے حضرت ابن مسعودؓ کو یہ فرماتے سنا کہ :

کسی نے مومن کی غیبت سے بڑھ کر کوئی بڑا لقمہ نہیں نگلا۔ اگر کسی نے دوسرے کے بارے میں ایسی بات کی جس کا اسے علم ہے تو اس نے غیبت کی اور اس نے اگر ایسی بات کی جس کے بارے میں اسے کوئی علم نہیں تو اس نے تہمت لگائی۔

۲۔ سیوطی نے ۶/۹۶ میں لکھا ہے کہ امام بخاریؒ نے 'ادب' میں یہ درج فرمایا ہے کہ حضرت ابن مسعودؓ نے فرمایا :

جس کے پاس کسی بندہ مومن کی غیبت کی گئی اور اس نے اس کی مدد کی تو اللہ تعالیٰ اسے دنیا اور آخرت میں اچھا بدلہ عطا فرمائیں گے۔ اور جس کے پاس کسی کی غیبت کی گئی مگر اس نے اس کی مدد نہ کی تو اللہ تعالیٰ اسے دنیا اور آخرت میں سزا دیں گے۔

* * *

۵۰۔ سورۃ ق

ا۔ سیوطی نے الدر ۱۰۱/۶ میں لکھا ہے کہ طبرانی نے حضرت ابن مسعودؓ کا یہ ارشاد نقل کیا ہے۔ آپ صلی اللہ علیہ وآلہ وسلم نے فرمایا:

قرآن مجید کی آخری بڑی بڑی سورتیں مکہ مکرمہ میں نازل ہوئیں، ہم حج کے سلسلہ میں وہاں قیام پذیر تھے اوران سورتوں کی تلاوت کرتے تھے۔ اس کے علاوہ کچھ نازل نہیں ہوا۔

۲۔ سیوطی نے الدر ۱۰۱/۶ میں لکھا ہے کہ دارمی، طبرانی، محمد بن نصر اور بیہقی نے حضرت ابن مسعودؓ کا یہ ارشاد نقل کیا ہے آپؐ نے فرمایا:

ہر چیز کا خلاصہ اور نچوڑ ہوتا ہے قرآن مجید کا نچوڑ مفصلات سورتیں ہیں۔

وَ لَقَدْ خَلَقْنَا الْاِنْسَانَ وَ نَعْلَمُ مَا تُوَسْوِسُ بِهٖ نَفْسُهٗ ۖۚ وَ نَحْنُ اَقْرَبُ اِلَيْهِ مِنْ حَبْلِ الْوَرِيْدِ ﴿۱۶﴾

یقیناً ہم نے انسان کو بنایا اور ہم انسان کو جانتے ہیں جو اس کا نفس اس کو وسوسہ ڈالتا ہے اور ہم اس کے شاہ رگ سے بھی زیادہ قریب ہیں۔

ا۔ امام مسلم نے اپنی صحیح ۱۱۹/۱ میں یہ حدیث مبارکہ درج فرمائی ہے حضرت ابن مسعودؓ فرماتے ہیں آپ ﷺ سے وسوسہ کے بارے میں پوچھا گیا تو آپ ﷺ نے فرمایا یہ ایمان ہی ہے۔

مَا يَلْفِظُ مِنْ قَوْلٍ اِلَّا لَدَيْهِ رَقِيْبٌ عَتِيْدٌ ۱۸

وہ جو بھی منہ سے بولتا ہے مگر ایک نگران تیار کھڑا ہے (لکھنے کو)۔

ا۔ قرطبی نے احکام ۱۱-۱۲/۱ میں یہ حدیث شریف نقل کی ہے۔ حضرت ابن مسعودؓ فرماتے ہیں کہ سید الاولین والاخرین ﷺ نے فرمایا:
کراماً کاتبین جب کسی آدمی یا عورت کے پاس جاتے ہیں تو ان کے پاس ۴ مہر لگی ایک کتاب ہوتی ہے۔ آدمی یا عورت جو کچھ بولتا ہے وہ لکھتے جاتے ہیں۔

يَوْمَ نَقُوْلُ لِجَهَنَّمَ هَلِ امْتَلَاْتِ وَ تَقُوْلُ هَلْ مِنْ مَّزِيْدٍ ۳۰

اس دن ہم جہنم کو کہیں گے کہ کیا تو بھر گئی ہے وہ کہے گی کیا اور کچھ ہے۔

ا۔ قرطبی نے احکام ۱۹/۷ میں لکھا ہے حضرت ابن مسعودؓ نے فرمایا جہنم میں ہر گرز، ہر زنجیر، ہر ہتھوڑا اور ہر تابوت پر اس کے اہل کا نام لکھا ہوا ہے اور جہنم کے سب چوکیدار اس اہل کا انتظار کر رہے ہیں جس کا نام اور حالت وہ جان چکے ہیں۔ جب سب کام پورا ہو جائے گا اور جس کا انتظار کیا جا رہا تھا ان میں سے کوئی بھی باہر نہیں رہ جائے گا تو چوکیدار کہیں گے

بس بس کافی ہیں کافی ہیں۔ اس وقت جہنم کی طنابیں کھینچی جائیں گی۔ کوئی ایسا نہیں رہ جائے گا جس کا انتظار ہو۔

هٰذَا مَا تُوْعَدُوْنَ لِكُلِّ اَوَّابٍ حَفِيْظٍ ﴿۳۲﴾

یہ ہے جس کا تم سے وعدہ کیا گیا ہے ہر رجوع کرنے والے حفاظت کرنے والے کے لیے۔

ا۔ قرطبی نے احکام ۲۰/ ۱۷ میں لکھا ہے حضرت شعبی و مجاہدؒ نے فرمایا:

اواب حفیظ وہ ہوتا ہے جسے تنہائی میں اپنے گناہ یاد آ جائیں تو وہ اللہ تعالیٰ سے ان کی معافی مانگنے لگ جائے۔

یہ حضرت ابن مسعودؓ کا ارشاد مبارک ہے۔

***

۵۱۔ سورۃ الذاریات

۵۲۔ سورۃ الطور

....وَ سَبِّحۡ بِحَمۡدِ رَبِّكَ حِيۡنَ تَقُوۡمُ ﴿۴۸﴾

اور تم تسبیح کروا پنے رب کی حمد کے ساتھ جب تم قیام کرو۔

ا۔ قرطبی نے احکام ۷/۸۰۷ میں لکھا ہے حضرت عون بن مالک اور حضرت ابن مسعودؓ نے فرمایا:

بندہ جب مجلس برخاست کرے تو یوں اللہ تعالیٰ کی حمد و ثنا کرے سبحان اللہ وبحمدہ یا یوں کہے سبحانک اللھم وبحمدک۔

اگر مجلس خیر کی ہوگی تو یہ حمد و ثنا میں اضافہ ہو جائے گا اور اگر مجلس خیر کی نہ ہوئی تو یہ کفارہ ہو جائے گا۔

***

۵۳۔ سورۃ النجم

ا۔ سیوطی نے الدر ۱۲۱/۶ میں لکھا ہے حضرت ابن مسعودؓ نے فرمایا رسالتمآب صلی اللہ علیہ وآلہ وسلم نے سب سے پہلے اعلانیہ جس سورۃ کی تلاوت فرمائی وہ سورۃ النجم ہے۔

۲۔ امام بخاریؒ نے اپنی صحیح ۱۴۲/۶ میں یہ روایت درج فرمائی ہے حضرت ابن مسعودؓ نے فرمایا:

پہلی سورت جس میں سجدہ تلاوت ہوا سورۃ النجم ہے۔ رسول کریم صلی اللہ علیہ وآلہ وسلم نے سجدہ تلاوت فرمایا۔ آپؐ کے پیچھے کھڑے تمام لوگوں نے بی سجدہ کیا مگر ایک آدمی کو میں نے دیکھا کہ اس نے مٹھی بھر مٹی اٹھائی اور اس پر سجدہ کرلیا۔ بعد میں میں نے دیکھا کہ وہ کافر ہو کر قتل ہوا۔ یہ امیہ بن خلف تھا۔

عَلَّمَهٗ شَدِيْدُ الْقُوٰىۙ ﴿۵﴾ ذُوْ مِرَّةٍ ؕ فَاسْتَوٰىۙ ﴿۶﴾ وَ هُوَ بِالْاُفُقِ الْاَعْلٰىؕ ﴿۷﴾
ثُمَّ دَنَا فَتَدَلّٰىۙ ﴿۸﴾ فَكَانَ قَابَ قَوْسَيْنِ اَوْ اَدْنٰىۚ ﴿۹﴾ فَاَوْحٰۤى اِلٰى عَبْدِهٖ مَاۤ
اَوْحٰىؕ ﴿۱۰﴾ مَا كَذَبَ الْفُؤَادُ مَا رَاٰى ﴿۱۱﴾

اوراس وحی کی تعلیم ان کوایک بڑا طاقتور فرشتہ کرتا ہے۔ جو خوش منظر اور زور آور ہے وہ اس حالت میں آسمان کے بلند کنارے پر تھا پھر وہ فرشتہ قریب ہوا اور نیچے اتر آیا اور رہ گیا فاصلہ دو کمانوں یا اس سے بھی کم پھر اللہ تعالیٰ نے اپنے بندے پر وحی کی جو وحی کی۔ پیغمبر کے دل نے اس کی تکذیب نہ کی جو اس کی آنکھوں نے دیکھا۔

۱۔ امام احمد بن حنبلؒ نے اپنی مسند ۲۹۴/۵ میں یہ حدیث ذکر فرمائی ہے حضرت ابن مسعودؓ نے فرمایا:

رسول مجتبیٰ ﷺ نے حضرت جبرائیلؑ کو دیکھا تھا۔ ان کے چھ سو پر تھے۔

۲۔ طبری نے جامع ۲۷/۲۷ میں لکھا ہے حضرت ابن مسعودؓ نے اس آیت مبارکہ کی تفسیر فرمائی کہ:

حضرت جبرائیلؑ رسول کریم ﷺ کے اتنے قریب آئے کہ ایک یا دو گز کا فاصلہ رہ گیا تھا۔

۳۔ امام احمد بن حنبلؒ نے اپنی مسند ۲۷۹/۵ میں لکھا ہے حضرت ابن مسعودؓ نے ماکذب الفؤاد مارای کی تفسیر میں فرمایا کہ رحمت دو عالم ﷺ نے حضرت جبرائیلؑ کو ریشمی لباس میں دیکھا۔ زمین و آسمان کا درمیانی خلا ان کے وجود سے بھر گیا تھا۔

اَفَتُمٰرُوْنَهٗ عَلٰى مَا يَرٰى ﴿١٢﴾ وَ لَقَدْ رَاٰهُ نَزْلَةً اُخْرٰىۙ ﴿١٣﴾ عِنْدَ سِدْرَةِ الْمُنْتَهٰى ﴿١٤﴾ عِنْدَهَا جَنَّةُ الْمَاْوٰىؕ ﴿١٥﴾ اِذْ يَغْشَى السِّدْرَةَ مَا يَغْشٰىۙ ﴿١٦﴾ مَا زَاغَ الْبَصَرُ وَ مَا طَغٰى ﴿١٧﴾ لَقَدْ رَاٰى مِنْ اٰيٰتِ رَبِّهِ الْكُبْرٰى ﴿١٨﴾

پس کیا تم پیغمبر کی دیکھی ہوئی چیز کے متعلق جھگڑا کرتے ہو اور بلاشبہ انہوں نے اس فرشتہ کو اس کی اصلی شکل میں ایک اور مرتبہ بھی دیکھا اس بیری کے پاس جو حد کی انتہا پر واقعہ ہے۔ اس بیری کے قریب ہے جنت آرام سے رہنے کی۔ اس وقت دیکھا جب بیری کو ڈھانک رکھا تھا جس چیز نے بھی ڈھانک رکھا تھا پیغمبر کی نگاہ نے نہ کجروی اختیار کی اور نہ حد سے بڑھی بیشک انہوں نے اپنے رب کی قدرت کے بڑے عجائبات دیکھے۔

۱-امام احمد بن حنبلؒ نے اپنی سند ۶/۹ میں درج فرمایا ہے کہ حضرت ابن مسعودؓ نے اس آیت کریمہ کی تفسیر میں فرمایا کہ رسالت مآب ﷺ کا ارشاد ہے :

میں نے حضرت جبرائیلؑ کو سدرۃ المنتھی کے پاس دیکھا ان کے چھ سو پر تھے ان کے پروں سے موتی اور یاقوت جھڑتے تھے۔

۲- امام حنبلؒ نے اپنی سند ۵/۳۳۱ میں لکھا ہے حضرت ابن مسعودؓ نے فرمایا :

آپ ﷺ نے حضرت جبرائیل علیہ اسلام کو ان کی اصل شکل میں صرف دو مرتبہ دیکھا تھا۔ پہلی بار اس وقت جب آپ ﷺ نے خود ان سے فرمایا کہ مجھے اپنی اصل شکل دکھائیں۔ انہوں نے اپنا آپ دکھایا تو افق سارا بھر گیا تھا۔

اور دوسری مرتبہ اس وقت جب آپ ﷺ ان کے ہمراہ معراج پر تشریف لے گئے تھے۔ اسی واقعہ کے متعلق ارشاد باری ہے وھو بالافق الاعلی ثم دنی فتدلی فکان قاب قوسین اؤ ادنی فاوحی الی عبدہ ما اوحی۔ پھر جب حضرت جبرائیلؑ نے

پروردگار کا قرب محسوس کیا تو اپنی اصلی شکل میں لوٹ آئے اور سجدہ ریز ہو گئے۔ اللہ تعالیٰ کا ارشاد ہے:

ولقد رآه نزلہ اخری، عند سدرة المنتهی، عند جنۃ الماوی، اذ یغشی السدرة ما یغشی، ماذاغ البصر وما طفی، لقد رای من آیات ربہ الکبری۔

حضرت ابن مسعودؓ نے فرمایا یہ نشانی حضرت جبرائیلؑ کی شکل تھی۔

۳- طبری نے جامع ۲۷/۳۰ میں لکھا ہے حضرت ابن مسعودؓ نے اس آیت مبارکہ ولقد راہ نزلہ اخری کی تفسیر میں فرمایا رسالت مآب صلی اللہ علیہ وآلہ وسلم نے حضرت جبرائیلؑ کو دیکھا موتی جیسے چمکدار نرم پاؤں جیسا کہ سبزے پر شبنم کا قطرہ چمکتا ہے۔

۴- امام احمد بن حنبلؒ نے اپنی مسند ۵/۲۴۳ میں لکھا ہے حضرت ابن مسعودؓ نے فرمایا: جب آپ صلی اللہ علیہ وآلہ وسلم معراج پر تشریف لے گئے تو آپ صلی اللہ علیہ وآلہ وسلم کو سدرۃ المنتھی تک لے جایا گیا یہ چھٹے آسمان پر ہے۔ یہی وہ مقام جو زمین سے اوپر جانے والوں کی انتہا ہے اور اوپر سے نیچے آنے والوں کی بھی انتہا ہے۔ اس سے اوپر نیچے جانے والوں کو پکڑ لیا جاتا ہے۔

حضرت ابن مسعودؓ نے فرمایا اذیغشی السدرة ما یغشی سے مراد ہے وہ سونے کا ایک بستر ہے۔

یہاں اس موقع پر آپ صلی اللہ علیہ وآلہ وسلم کو تین تحفے عطا کیے گئے۔ پانچ نمازیں، سورۃ بقرہ کی آخری آیات اور آپ صلی اللہ علیہ وآلہ وسلم کی امت کے ہر اس فرد کے ہلاکت خیز گناہوں کی معافی جس نے شرک نہ کیا ہو گا۔

۵- طبری نے جامع ۲۲-۳۳/۲۷ میں لکھا ہے حضرت ابن مسعودؓ نے فرمایا سدرۃ المنتھی جنت کا بالائی کنارہ ہے اس پر ریشم و حریر کی چادر ہے۔

۶- امام احمد بن حنبلؒ نے اپنی مسند ۱۴۳/۶ میں لکھا ہے حضرت ابن مسعودؓ نے فرمایا: سرور کائنات صلی اللہ علیہ وآلہ وسلم نے جنت کا سبز ریشم دیکھا تھا جس نے افق بھر دیا تھا۔

اِنَّ الَّذِیْنَ لَا یُؤْمِنُوْنَ بِالْاٰخِرَةِ لَیُسَمُّوْنَ الْمَلٰٓئِكَةَ تَسْمِیَةَ الْاُنْثٰی ﴿۲۷﴾

بیشک جو لوگ آخرت پر ایمان نہیں رکھتے وہ فرشتوں کے مونثوں والے نام رکھتے ہیں

سیوطیؒ نے الدر ۲۱/۲ میں لکھا ہے حضرت ابن مسعودؓ نے فرمایا:

فرشتوں کو مذکر سمجھو یہ فرما کر آپؓ نے یہ آیت کریمہ تلاوت فرمائی:

بے شک جو لوگ آخرت پر ایمان نہیں رکھتے وہ فرشتوں کو مونث قرار دیتے ہیں۔

اَلَّذِیْنَ یَجْتَنِبُوْنَ كَبٰٓئِرَ الْاِثْمِ وَ الْفَوَاحِشَ اِلَّا اللَّمَمَ .... ﴿۳۲﴾

وہ لوگ جو بڑے گناہوں اور بے حیائی کے کاموں سے بچتے ہیں مگر معمولی گناہ۔

۱- طبری نے جامع ۳۹/۲۷ میں لکھا ہے حضرت ابن مسعودؓ نے فرمایا:

آنکھوں کا زنا دیکھنا ہے، ہونٹوں کا زنا بوسہ لینا ہے، ہاتھوں کا زنا پکڑنا ہے، پاؤں کا زنا چلنا ہے، شرمگاہ اس کی تصدیق کر دیتی ہے اور تکذیب بھی، پس اگر شرمگاہ سے کام لے تو زانی ہے اور اگر خیالات کی حد تک رہا تو یہ لمم ہے۔

فَاسْجُدُوْا لِلّٰهِ وَ اعْبُدُوْا۩ ﴿۶۲﴾

اور اللہ کے لیے سجدہ کرو اور اس کی عبادت کرو۔

ا۔ ابن جوزی نے زاد ۸/۸۶ میں لکھا ہے ایک روایت کے مطابق یہاں سجدہ تلاوت ہے،
حضرت ابن مسعودؓ کا ارشاد بھی یہی ہے۔

***

۵۴۔ سورۃ القمر

اِقْتَرَبَتِ السَّاعَةُ وَ انْشَقَّ الْقَمَرُ ﴿۱﴾

قیامت قریب آ گئی اور چاند دو ٹکڑے ہو گیا۔

ا۔ طبری نے جامع ۲۷/۵۱ میں لکھا ہے حضرت ابن مسعودؓ نے اس آیت کی تفسیر میں فرمایا:

چاند کے ٹکڑے ہونے والا معجزہ ہو چکا ہے۔

۲۔ امام احمد بن حنبلؒ نے اپنی مسند ۱۳۵/۶ میں لکھا ہے حضرت ابن مسعودؓ نے اس آیت کی تفسیر میں فرمایا:

رسالت مآب صلی اللہ علیہ وآلہ وسلم کے زمانہ اطہر میں چاند کے دو ٹکڑے ہو گئے تھے۔ اس حدیث مبارکہ کے راوی حضرت شبعہ کو شک ہے کہ حضرت ابن مسعودؓ نے فرقتین کا لفظ ارشاد فرمایا یا فلقتین۔

بہر حال ایک ٹکڑا پہاڑ کے اوجھل ہو گیا اور ایک پہاڑ کے اوپر تھا، رحمت دو عالم صلی اللہ علیہ وآلہ وسلم نے فرمایا الهم اشهد۔

۳۔ امام احمد بن حنبلؒ نے مسند ۱۲/۶ میں ذکر کیا ہے کہ حضرت ابن مسعودؓ نے فرمایا: رحمت دو عالم ﷺ کے زمانہ مبارک میں چاند دو ٹکڑے ہوا تھا میں نے پہاڑ کو دیکھا کہ وہ چاند کے دونوں ٹکڑوں کے درمیان تھا۔

۴۔ طبری نے جامع ۵۰-۵۱/۶۷ میں لکھا ہے کہ حضرت ابن مسعودؓ نے فرمایا: سرور کائنات ﷺ کے زمانہ اطہر میں چاند کے ٹکڑے ہو گئے تو قریش نے کہا یہ ابن ابی (مراد آپ ﷺ ہیں) کا جادو ہے تم مسافروں سے اس کے متعلق پوچھو۔ چنانچہ لوگوں نے مسافروں سے پوچھا تو انہوں نے کہا کہ ہاں ہم نے بھی دیکھا تھا۔

اس موقع پر اللہ تبارک و تعالی نے یہ آیت مبارکہ نازل فرمائی

اقترب الساعة وانشق القمر۔

***

۵۵۔ سورۃ الرحمن

ا۔ ابن جوزی نے زاد ۸/۱۰۵ میں فرمایا یہ سورت مدنی ہے۔ حضرت ابن مسعودؓ کا یہی ارشاد ہے۔

۲۔ امام احمد بن حنبلؒ نے اپنی مسند ۶/۶ میں لکھا ہے حضرت ابن مسعودؓ سے ایک آدمی نے عرض کیا میں مفصلات پڑھتا ہوں اور سب ایک رکعت میں جمع کر دیتا ہوں۔ آپؓ نے فرمایا تیرا ناس ہو ایسے پڑھتے ہو گے جیسے شعر پڑھے جاتے ہیں۔ مجھے وہ تمام سورتیں معلوم ہیں جو رحمت دو عالم صلی اللہ علیہ وآلہ وسلم ملا کر پڑھا کرتے تھے۔ وہ دو قریبی قریبی سورتیں ہوتی تھیں۔ حضرت ابن مسعودؓ سورۃ رحمن کو مفصلات میں سے پہلی سورت گردانتے تھے۔

يَخْرُجُ مِنْهُمَا اللُّؤْلُؤُ وَ الْمَرْجَانُ ﴿٢٢﴾

اس سے موتی اور مونگے نکلتے ہیں۔

ا۔ طبری نے جامع ۲۷/۷۷ میں لکھا ہے حضرت ابن مسعودؓ نے اس آیت کریمہ کی تفسیر میں فرمایا مرجان ایک پتھر ہے۔

۲۔ امام ابن کثیرؒ نے اپنی تفسیر ۷/۴۶۸ میں لکھا ہے حضرت ابن مسعودؓ نے فرمایا مرجان۔

وَّ يَبْقٰى وَجْهُ رَبِّكَ ذُو الْجَلٰلِ وَ الْاِكْرَامِ ﴿۲۷﴾

اور باقی رہے گی ذات تیرے جلال واکرام والے رب کی۔

ا۔ قرطبی نے احکام ۱۶۵/۱۷ میں لکھا ہے حضرت انسؓ سے مروی سرور دو عالم صلی اللہ علیہ وآلہ وسلم نے فرمایایا ذا الجلال والاکرام کے الفاظ سے دعا کرنا اپنے اوپر لازم کرلو۔

اور ایک روایت یہ ہے کہ یہ حضرت ابن مسعودؓ کا ارشاد ہے۔

....كُلَّ يَوْمٍ هُوَ فِيْ شَاْنٍ ﴿۲۹﴾

ہر روز وہ ایک نہ ایک شان (کام) میں ہے۔

ا۔ سیوطی نے الدر ۲/۳ میں مختلف حوالہ جات دیکر لکھا ہے حضرت ابن مسعودؓ نے فرمایا:

تمہارے پروردگار کے ہاں نہ کوئی رات ہے نہ دن، آسمانوں کا نور اس کے چہرہ پر جلال کے نور سے ہے۔ یہ جو تمہارے دن ہیں ان میں سے ایک دن کی مقدار اس کے ہاں بارہ گھنٹے ہے۔ تمہارے کل کے کیۓ ہوئے اعمال آج کے دن صبح کے وقت اس کے سامنے پیش کیے جاتے ہیں۔ تو وہ عظیم ذات تین گھنٹے ان اعمال پر نظر فرماتی ہے، پھر کوئی ناپسند عمل نظر آتا ہے تو اللہ تعالیٰ کو اس کی وجہ سے غصہ آجاتا ہے۔

عرش اٹھانے والے فرشتوں کو سب سے پہلے اللہ تعالیٰ کے غصہ کا پتہ چلتا ہے پھر مقرب فرشتوں کو، پھر حضرت جبرائیلؑ ایک سنکھ میں پھونک مارتے ہیں جو جن وانس کے علاوہ ہر

کسی کو سنائی دیتی ہے۔ پھر یہ سارے تین گھنٹے تک اللہ تعالیٰ کی تسبیح کرتے ہیں جس سے اللہ تعالیٰ کی رحمت جوش میں آجاتی ہے۔ یوں چھ گھنٹے ہو گئے۔

پھر ماؤں کے رحم پیش کیئے جاتے ہیں، اللہ تعالیٰ تین گھنٹے انہیں دیکھتے ہیں۔

(یصور کم الارحام کیف یشاء لا الہ الا ھو العزیز الحکیم (آل عمران/٦)

(یخلق مایشاء یھب لمن یشاء اناثا ویھب لمن یشاء الذکور۔۔۔ یہ آیت حضرت ابن مسعودؓ نے علیم قدیر تک تلاوت فرمائی (الشوری/٤٩)

یوں نو گھنٹے ہو گئے۔

پھر مخلوق کی روزی کے معاملات تین گھنٹے تک دیکھتے ہیں۔ یبسط الرزق لمن یشاء یقدرانہ بکل شئ علیم (الشوری/١٦)

یوں بارہ گھنٹے ہو گئے۔

حضرت ابن مسعودؓ نے فرمایا کل یوم ھو فی شان یہ ہے تمہارے پروردگار کی ہر روز کی مصروفیت۔

يُرْسَلُ عَلَيْكُمَا شُوَاظٌ مِّنْ نَّارٍ ۙ وَّ نُحَاسٌ فَلَا تَنْتَصِرٰنِ ﴿٣٥﴾

اور تم پر خالص آگ کے شعلے اور دھواں چھوڑ دیا جائے گا پھر تم اس کا مقابلہ نہ کر سکو گے۔

ا۔ علامہ بغوی نے معالم ٦/٧، میں لکھا ہے حضرت ابن مسعودؓ نے فرمایا النحاس پیپ کو کہتے ہیں۔

وَ لِمَنْ خَافَ مَقَامَ رَبِّهٖ جَنَّتٰنِۚ ﴿۴۶﴾

اور جو اپنے رب کے سامنے کھڑا ہونے سے ڈرا اس کے لیے تو باغ ہیں۔

۱۔ سیوطی نے الدر ۱۴۶/۶ میں لکھا ہے حضرت ابن مسعودؓ نے فرمایا دو جنتیں اس کے لیے ہیں جو دنیا میں اللہ تعالیٰ سے ڈر گیا۔

۲۔ طبری نے جامع ۸۵/۲۷ میں لکھا ہے حضرت ابن مسعودؓ نے اس آیت کریمہ کی تفسیر میں فرمایا:

اگرچہ اس نے زنا کیا ہو اگرچہ اس نے چوری کی ہو۔

مُتَّكِـِٕيْنَ عَلٰى فُرُشٍۭ بَطَآىِٕنُهَا مِنْ اِسْتَبْرَقٍ ؕ وَ جَنَا الْجَنَّتَيْنِ دَانٍۚ ﴿۵۴﴾

اور وہ ایسے گدوں پر تکیہ لگانے والے ہوں گے جن کے اندروں موٹے ریشم کے ہیں۔

۱۔ طبری نے جامع ۸۶/۲۷ میں لکھا ہے حضرت ابن مسعودؓ نے اس آیت کریمہ کی تفسیر میں فرمایا:

تمہیں ان بستروں کے اندر والی چیز کا بتایا گیا ہے تمہیں کیسا لگتا اگر تمہیں ان کے باہر والے کور کا بتایا جاتا!

كَاَنَّهُنَّ الْيَاقُوْتُ وَ الْمَرْجَانُۚ ﴿۵۸﴾

گویا کہ وہ یاقوت و مرجان ہیں۔

ا۔ امام ترمذیؒ نے اپنی صحیح ۸-۹/۱۰ میں درج فرمایا ہے حضرت ابن مسعودؓ فرماتے ہیں سرور کائنات ﷺ نے فرمایا:

جنت کی عورت ایسی ہوگی کہ ستر کپڑوں کی اوٹ سے بھی اس کی پنڈلی کی سفیدی دکھائی دے گی حتیٰ کہ اس کی پنڈلی کی مخ بھی نظر آئے گی، کیونکہ اللہ تعالیٰ نے فرمایا ہے کانھن الیاقوت و المرجان۔

یہ یاقوت ایک ایسا پتھر ہے کہ اگر اس میں دھاگہ داخل کیا جائے۔ تو نظر آتا ہے۔

فِيهِمَا عَيْنٰنِ نَضَّاخَتٰنِ ﴿۶۶﴾

اس میں دو چشمے ابلتے ہوں گے۔

ا۔ علامہ بغوی نے معالم ۱/۷ میں لکھا ہے حضرت ابن مسعودؓ نے فرمایا:

یہ دو چشمے اللہ تعالیٰ کے دوستوں پر مشک و کافور کا چھڑکاؤ کریں گے۔

فِيهِنَّ خَيْرٰتٌ حِسَانٌ ﴿۷۰﴾

ان میں نیک سیرت خوبصورت عورتیں ہوں گی۔

ا۔ طبری نے جامع ۲۷/۹۲ میں لکھا ہے حضرت ابن مسعودؓ نے اس آیت مبارکہ کی تفسیر میں فرمایا: ہر خیمہ میں ایک بیوی ہوگی۔

۲۔ امام ابن کثیر نے اپنی تفسیر ۴۸۳/۷ میں لکھا ہے حضرت ابن مسعودؓ نے فرمایا:

ہر مسلمان کے لیے نیک سیرت بیوی ہوگی اور ہر بیوی کا ایک خیمہ ہوگا جس کے چار طرف دروازے ہوں گے جن سے اس کو ایسے ہدایا ملیں گے اور کرامتیں ملیں گی جو پہلے ان کے ہاں نہ تھے وہ متکبر نہ ہوں گی اور نہ سرکش نہ ان کے منہ سے بدبو آئے گی نہ ان سے بدبو ظاہر ہوگی وہ بڑی آنکھوں والی حوریں ہوں گی گویا کہ وہ چھپے ہوئے انڈے ہیں۔

حُوْرٌ مَّقْصُوْرٰتٌ فِی الْخِیَامِ ﴿۷۲﴾

حوریں ہوں گی جو کہ خیموں میں محفوظ ہوں گی۔

۱۔ طبری نے جامع ۲۷/۹۳ میں ذکر کیا ہے حضرت ابن مسعودؓ نے اس آیت کریمہ کی تفسیر میں فرمایا یہ اندر سے خالی موتی ہے۔

***

۵۶۔ سورۃ الواقعہ

ا۔ علامہ بغوی نے معالم ۲۴/۷ میں لکھا ہے حضرت ابن مسعودؓ فرماتے ہیں میں نے اللہ کے حبیب ﷺ سے سنا کہ جس نے ہر رات سورۃ واقعہ کی تلاوت کی اسے کبھی فاقہ نہ ہوگا۔

یَطُوْفُ عَلَيْهِمْ وِلْدَانٌ مُّخَلَّدُوْنَۙ ﴿۱۷﴾ بِاَكْوَابٍ وَّ اَبَارِيْقَ ۙ وَ كَاْسٍ مِّنْ مَّعِيْنٍۙ ﴿۱۸﴾

اس پر ایسے بچے جو ہمیشہ بچے ہی رہیں گے پیالوں اور کوزوں اور جاری پانی کے جام ہوں گے۔

ا۔ سیوطی نے الدر ۱۵۵/۶ میں لکھا ہے حضرت ابن مسعودؓ نے فرمایا:

جنتی اپنی بیوی کے پاس بیٹھا ہوگا کہ اس کے پاس ایک جام لایا جائے گا وہ اسے پی لے گا پھر اپنی بیوی کی طرف متوجہ ہو کر کہے گا تو میری نظر میں پہلے سے ستر گنا بڑھ گئی ہے۔

وَ لَحْمِ طَيْرٍ مِّمَّا يَشْتَهُوْنَؕ ﴿۲۱﴾

اور پرندے کا گوشت جو وہ چاہیں گے۔

۱۔ امام ابن کثیرؒ نے اپنی تفسیر ۷/۴۹۸ میں لکھا ہے حضرت ابن مسعودؓ فرماتے ہیں رحمت کائنات ﷺ نے مجھے فرمایا:

آپ جنت میں ایک پرندے کی طرف دیکھ رہے ہوں گے آپ کا دل اسے کھانے کو چاہے گا تو وہ اسی وقت بھنا ہوا آپ کے ہاتھوں میں چلا آئے گا۔

۲۔ سیوطی نے الدر ۶/۱۵۶ میں لکھا ہے حضرت ابن مسعودؓ فرماتے ہیں میں نے رحمت دو عالم ﷺ سے سنا کہ

بلاشبہ جنت میں ایک ایسا پرندہ ہے جس کے ستر ہزار پر ہیں، جب اللہ تعالیٰ کے کسی دوست کے سامنے دستر خوان لگایا جائے گا تو یہ پرندہ آکر اس پر گر جائے گا اور اپنے پر جھاڑے گا تو اس کے ہر پر سے شہد کے رنگ سے زیادہ مزیدار، مکھن سے زیادہ نرم اور شہد سے زیادہ میٹھی کوئی چیز نکلے گی اور پھر وہ اڑ جائے گا۔

وَّ ظِلٍّ مَّمْدُوْدٍ ﴿۳۰﴾

اور دراز سائے

۱۔ امام ابن کثیرؒ نے اپنی تفسیر ۷/۸ میں لکھا ہے حضرت ابن مسعودؓ نے فرمایا جنت کا موسم بڑا سہانا ہوگا جیسے طلوع فجر سے سورج کے طلوع کے درمیان کا وقت ہوتا ہے۔

ثُلَّةٌ مِّنَ الْاَوَّلِيْنَ ﴿۳۹﴾ وَ ثُلَّةٌ مِّنَ الْاٰخِرِيْنَ ﴿۴۰﴾

بہت بڑی جماعت، پہلوں میں سے اور پچھلوں میں

طبری نے جامع ۹-۱۰۱۱/۲۷ میں لکھا ہے حضرت ابن مسعودؓ نے فرمایا ہم لوگ رسالتمآب صلی اللہ علیہ وآلہٖ وسلم کی خدمت میں بیٹھے بات چیت کر رہے تھے کہ آپ صلی اللہ علیہ وآلہٖ وسلم نے فرمایا :

گزشتہ رات سارے انبیاء علیہم السلام اپنے اپنے فرمانبردار امتیوں سمیت مجھے دکھائے گئے، کسی نبی کے ساتھ اس کی امت کی بڑی تعداد تھی کسی نبی کے ساتھ اس کی امت میں سے ایک جماعت تھی کسی نبی کے ساتھ اس کی امت کے چند افراد تھے، کسی نبی کے ساتھ ایک آدمی تھا کسی نبی کے ساتھ ایک بھی آدمی نہیں تھا پھر حضرت موسیٰ دکھائے گئے ان کے ساتھ بنی اسرائیل کا ایک جم غفیر موجود تھا۔

میں نے عرض کیا پروردگار! میری امت کہاں ہے ؟ مجھے کہا گیا اپنی دائیں جانب دیکھیں، میں نے دیکھا تو مکہ مکرمہ کے سارے ٹیلے انسانی چہروں سے بھرے ہوئے ہیں میں نے عرض کیا یہ کون ہیں ؟ مجھے بتایا گیا یہ آپ کی امت ہے۔ مجھے فرمایا گیا آپ راضی ہو گئے ؟ میں نے عرض کیا پروردگار میں راضی ہوں۔

مجھے کہا گیا اپنی بائیں جانب دیکھیں، میں نے دیکھا تو سارا افق انسانی چہروں سے اٹا پڑا تھا، میں نے عرض کیا پروردگار یہ کون ہیں ؟ مجھے بتایا گیا یہ آپ کی امت ہے۔ پھر مجھ سے پوچھا گیا آپ راضی ہیں ؟ میں نے کہا میں راضی ہوں پروردگار! میں راضی ہوں پروردگار!

پھر مجھ سے فرمایا گیا ان لوگوں کے ہمراہ آپ کی امت کے ستر ہزار اور لوگ یوں جنت میں داخل ہوں گے کہ ان کا کوئی حساب کتاب نہیں لیا جائے گا۔

حضرت ابن مسعودؓ نے فرمایا اس دن رحمت دو عالم ﷺ نے فرمایا تھا مجھے امید ہے میری امت میں میرے فرمانبردار اہل جنت کا چوتھائی ہو نگے تو ہم نے نعرہ تکبیر لگایا۔ پھر آپ ﷺ نے فرمایا مجھے امید ہے تم اہل جنت کا نصف ہوں گے ہم نے نعرہ تکبیر لگایا۔
پھر آپ ﷺ نے یہ آیت مبارکہ تلاوت فرمائی
ثلة من الاولين، وثلة من الاخرين۔

اَفَرَءَيْتُمُ النَّارَ الَّتِيْ تُوْرُوْنَؕ ﴿۷۱﴾ ءَاَنْتُمْ اَنْشَاْتُمْ شَجَرَتَهَاۤ اَمْ نَحْنُ الْمُنْشِـُٔوْنَ ﴿۷۲﴾ نَحْنُ جَعَلْنٰهَا تَذْكِرَةً وَّ مَتَاعًا لِّلْمُقْوِيْنَۚ ﴿۷۳﴾

اچھا پھر یہ تو بتاؤ کہ جس آگ کو تم سلگایا کرتے ہو تو کیا اس آگ کے لیے درخت تم نے پیدا کیا ہے یا ہم پیدا کرنے والے ہیں ہم نے اس کو نصیحت کا باعث اور مسافروں کے لیے بڑے فائدے کی چیز بنایا ہے۔

۱۔ طبری نے جامع ۱۷/۲۳ میں لکھا ہے حضرت ابن مسعودؓ نے فرمایا:
تمہاری یہ آگ جب آسمان سے اتاری گئی تو اسے دو دفعہ سمندر میں رکھا گیا جس سے یہ کچھ ٹھنڈی ہو گئی، اگر ایسا نہ کیا جاتا تو تم اس سے فائدہ نہ اٹھا پاتے۔

اِنَّهٗ لَقُرْاٰنٌ كَرِيْمٌۙ ﴿۷۷﴾ فِيْ كِتٰبٍ مَّكْنُوْنٍۙ ﴿۷۸﴾ لَّا يَمَسُّهٗۤ اِلَّا الْمُطَهَّرُوْنَؕ ﴿۷۹﴾

کہ یہ کتاب ایک گرامی قدر قرآن جو لوح محفوظ میں درج ہے اس لوح کو سوائے پاک فرشتوں کے اور کوئی مس نہیں کر سکتا۔

۱۔ قرطبی نے احکام ۲۲۶/۱۷ میں لکھا ہے حضرات علماء کرام کی رائے میں اس بارے اختلاف ہے کہ بغیر وضو قرآن مجید کو ہاتھ لگانا کیسا ہے۔ اکثریت نے ایسی حالت میں قرآن مجید کو ہاتھ لگانے سے منع فرمایا ہے۔

حضرت علیؓ اور حضرت ابن مسعودؓ کی رائے بھی یہی ہے۔

***

۵۷۔ سورۃ الحدید

وَ مَا لَكُمْ اَلَّا تُنْفِقُوْا فِیْ سَبِیْلِ اللّٰهِ وَ لِلّٰهِ مِیْرَاثُ السَّمٰوٰتِ وَ الْاَرْضِ ؕ لَا یَسْتَوِیْ مِنْكُمْ مَّنْ اَنْفَقَ مِنْ قَبْلِ الْفَتْحِ وَ قٰتَلَ ؕ ...﴿۱۰﴾

جن لوگوں نے فتح مکہ سے قبل خدا کی راہ میں خرچ کیا اور جہاد کیا وہ بعد والوں کے برابر نہیں ہیں۔

ا۔ علامہ بغوی نے معالم ۷/۶۷ میں لکھا ہے حضرت ابن مسعودؓ نے فرمایا:

سرور دو عالم ﷺ اور حضرت ابو بکرؓ نے سب سے پہلے اپنی تلوار کے ساتھ اپنے اسلام کا اظہار فرمایا۔

یَوْمَ تَرَى الْمُؤْمِنِیْنَ وَ الْمُؤْمِنٰتِ یَسْعٰى نُوْرُهُمْ بَیْنَ اَیْدِیْهِمْ وَ بِاَیْمَانِهِمْ ....﴿۱۲﴾

اے نبی! وہ دن قابل ذکر ہے جس دن آپ ایمان دار مردوں اور ایمان دار عورتوں کو اس حال میں دیکھیں گے کہ ان کا نور تیز رفتاری سے ان کے آگے اور ان کے دائیں جانب چلتا ہوگا۔

۱۔ سبوطی نے الدر ۶/۱۷۲ میں لکھا ہے حضرت ابن مسعودؓ نے اس آیت مبارکہ کی تفسیر میں فرمایا:

نوران کے آگے آگے پل صراط کے اوپر چلے گا

۲۔ طبری نے جامع ۲۷/۱۲۸ میں لکھا ہے حضرت ابن مسعودؓ نے فرمایا:

لوگوں کو ان کے اعمال کے مطابق روشنی عطا ہوگی، کسی کو کھجور کے تنے جتنا نور عطا ہوگا کسی کو ایک کھڑے آدمی کی لمبائی جتنا نور عطا ہوگا۔ سب سے کم درجہ یہ ہوگا کہ کسی کے انگوٹھے پر نور ہوگا جو کبھی بجھ جائے گا کبھی جل اٹھے گا۔

اَلَمْ یَاْنِ لِلَّذِیْنَ اٰمَنُوْۤا اَنْ تَخْشَعَ قُلُوْبُهُمْ لِذِكْرِ اللّٰهِ وَ مَا نَزَلَ مِنَ الْحَقِّ .... ﴿۱۶﴾

کیا مسلمانوں کے لیے وہ وقت ابھی تک نہیں آیا کہ ان کے دل خدا کی نصیحت اور اس دین حق کے سامنے جو نازل ہوا جھک جائیں۔

۱۔ امام مسلمؒ نے اپنی صحیح مسلم ۴/۲۳۱۹ میں یہ حدیث درج فرمائی ہے حضرت ابن مسعودؓ نے فرمایا:

ہمارے اسلام لانے کے اور اس بات کے درمیان کہ اللہ تعالیٰ ہمیں اس آیت مبارکہ کے ذریعہ سرزنش فرماتے چار سال کا فرق ہے۔

... وَ لَا یَكُوْنُوْا كَالَّذِیْنَ اُوْتُوا الْكِتٰبَ مِنْ قَبْلُ فَطَالَ عَلَیْهِمُ الْاَمَدُ فَقَسَتْ قُلُوْبُهُمْ ؕ وَ كَثِیْرٌ مِّنْهُمْ فٰسِقُوْنَ ﴿۱۶﴾

اور نہ ہو جائیں جن کو ان سے پہلے کتاب دی گئی تھی پھر اس پر ایک طویل مدت گزری۔ پس ان کے دل سخت ہو گئے اور اب ان کی حالت یہ ہے کہ ان میں سے اکثر دین سے خارج ہیں۔

طبری نے جامع ۱۳۲/۲۷ میں ذکر فرمایا ہے عتریس بن عوف حضرت ابن مسعودؓ کی خدمت میں آئے اور کہا اے عبداللہ! جس نے امر بالمعروف اور نہی عن المنکر نہ کیا وہ ہلاک ہو گیا۔ حضرت ابن مسعودؓ نے فرمایا تباہ ہوا وہ جس کے دل نے اسے نیکی کا حکم نہ دیا اور جس کے دل نے اسے برائی سے نہ روکا۔

بنی اسرائیل پر جب مدت طویل ہو گئی اور ان کے دل پتھر ہو گئے تو انہوں نے خود سے ایک کتاب گھڑ لی جسے ان کے دل بھول گئے۔

۲۔ سیوطی نے الدر ۱۷۵/۶ میں لکھا ہے حضرت ابن مسعودؓ فرماتے ہیں سرور دو عالم ﷺ نے فرمایا:

تم پر مدت طویل نہ ہو جائے ورنہ تمہارے دل سخت ہو جائیں گے سنو! جس نے آنا ہے وہ قریب ہے اور دور وہی ہے جس نے آنا ہی نہیں۔

وَ الَّذِيْنَ اٰمَنُوْا بِاللّٰهِ وَ رُسُلِهٖۤ اُولٰٓئِكَ هُمُ الصِّدِّيْقُوْنَ ۖۗ وَ الشُّهَدَآءُ عِنْدَ رَبِّهِمْ ..... ﴿۱۹﴾

اور جو لوگ اللہ تعالیٰ پر اور اس کے رسول پر ایمان رکھتے ہیں تو یہی لوگ اپنے رب کے لیے سچے اور گواہی دینے والے ہیں۔

۱۔ طبری نے جامع ۲۷/۱۳۳ میں لکھا ہے شہداء کا تذکرہ ہوا تو حضرت ابن مسعودؓ نے فرمایا: کوئی آدمی اپنی یادگیری کے لیے لڑتا ہے کوئی اپنی شان و شوکت کے اظہار کے لیے لڑتا ہے کوئی دنیا کے لیے لڑتا ہے کوئی غنیمت کے لیے لڑتا ہے۔ راوی حدیث حضرت شعبہ نے ایسی ہی کوئی چیز کہی تھی۔ کوئی اللہ تعالیٰ کی خوشنودی کے لیے لڑتا ہے جبکہ ایک بندہ اپنے بستر پر جان دے دیتا ہے مگر وہ شہید ہوتا ہے۔ یہ سب فرمانے کے بعد حضرت ابن مسعودؓ نے یہ آیت تلاوت فرمائی والذین امنو باللہ ورسلہ اولئک ھم الصدیقون والشھداء عند ربھم۔

۲۔ ابن کثیر نے اپنی تفسیر ۸/۴۸ میں لکھا ہے حضرت ابن مسعودؓ نے فرمایا اس آیت مبارکہ اولئک ھم الصدیقون والشھداء عند ربھم میں تین قسم کے لوگوں کا تذکرہ ہے۔

تصدیق کرنے والے، صدیقین اور شہداء جیسا کہ اللہ تعالیٰ کا فرمان ہے۔

ومن یطع اللہ والرسول فاولئک مع الذین انعم اللہ علیھم من النبین والصدیقین و الشھدا و الصالحین (النساء/۶۹)

.... كَمَثَلِ غَيْثٍ اَعْجَبَ الْكُفَّارَ نَبَاتُهٗ ثُمَّ يَهِيْجُ فَتَرٰىهُ مُصْفَرًّا ثُمَّ يَكُوْنُ حُطَامًا ؕ
.... ﴿٢٠﴾

اس کی مثال ایسی ہے جیسے بارش کہ اس کی پیداوار کاشتکار کو خوش کرتی ہے پھر وہ خشک ہو جاتی ہے پھر اے مخاطب تو اس کو دیکھتا ہے کہ وہ زرد پڑ گئی۔

ا۔ امام رازیؒ نے مفاتیح ۸/۹۹ میں لکھا ہے حضرت ابن مسعودؓ نے فرمایا کفار سے مراد یہاں کاشتکار ہیں۔

سَابِقُوْۤا اِلٰى مَغْفِرَةٍ مِّنْ رَّبِّكُمْ وَ جَنَّةٍ عَرْضُهَا كَعَرْضِ السَّمَآءِ وَ الْاَرْضِ ۙ..... ﴿٢١﴾

تم اپنے رب کی مغفرت اور اس جنت کی طرف بڑھے چلو جس کا عرض ایسا ہے جیسا آسمان و زمین کا پھیلاؤ۔

ا۔ امام احمد بن حنبلؒ نے اپنی مسند ۵/۲۴۴ میں لکھا ہے حضرت ابن مسعودؓ فرماتے ہیں سرور دو عالم صلی اللہ علیہ وآلہ وسلم نے فرمایا:

جنت بندہ سے اس کے جوتے کے تسمہ سے زیادہ قریب ہے اور یونہی جہنم بھی۔

لِّكَيْلَا تَاْسَوْا عَلٰى مَا فَاتَكُمْ وَ لَا تَفْرَحُوْا بِمَاۤ اٰتٰىكُمْ ؕ وَ اللّٰهُ لَا يُحِبُّ كُلَّ مُخْتَالٍ فَخُوْرِ ۙ ﴿٢٣﴾

تم کو یہ اس لیے بتلایا تاکہ جو چیز تمہارے ہاتھ نہ لگے تم اس پر رنجیدہ نہ ہوا کرو اور جو تم کو عطا کردے تم اس پر اترایا نہ کرو۔

قرطبی نے احکام ۲۵۷/۷ میں لکھا ہے حضرت ابن مسعودؓ فرماتے ہیں رحمت کائنات ﷺ نے فرمایا:

تم میں سے کوئی بھی اس وقت تک ایمان کا ذائقہ نہیں پا سکتا جب تک یہ نہ جان لے کہ جو اسے ملنا ہے وہ کبھی ملنے سے نہیں رہ سکتا اور جو ملنے سے رہ گیا ہے وہ اسے کبھی ملنا ہی نہیں تھا۔ یہ فرما کر آپ ﷺ نے یہ آیت مبارکہ تلاوت فرمائی لکیلا تاسوا علی مافاتکم

ثُمَّ قَفَّيْنَا عَلٰٓى اٰثَارِهِمْ بِرُسُلِنَا وَ قَفَّيْنَا بِعِيْسَى ابْنِ مَرْيَمَ وَ اٰتَيْنٰهُ الْاِنْجِيْلَ ۙ۬ وَ جَعَلْنَا فِيْ قُلُوْبِ الَّذِيْنَ اتَّبَعُوْهُ رَاْفَةً وَّ رَحْمَةً ؕ وَ رَهْبَانِيَّةَ ۨابْتَدَعُوْهَا مَا كَتَبْنٰهَا عَلَيْهِمْ اِلَّا ابْتِغَآءَ رِضْوَانِ اللّٰهِ فَمَا رَعَوْهَا حَقَّ رِعَايَتِهَا ۚ فَاٰتَيْنَا الَّذِيْنَ اٰمَنُوْا مِنْهُمْ اَجْرَهُمْ ۚ وَ كَثِيْرٌ مِّنْهُمْ فٰسِقُوْنَ ﴿۲۷﴾

پھر ان رسولوں کے پیچھے ہم اور رسولوں کو پے در پے بھیجتے رہے اور ان کے بعد ہم نے عیسیٰؑ بن مریم کو بھیجا اور ہم نے اسے انجیل عطا کی اور جن لوگوں نے عیسیٰ بن مریم کی پیروی کی ہم نے ان کے قلوب میں شفقت اور رحم پیدا کیا اور رہبانیت کو انہوں نے خود ایجاد کیا ہم نے رہبانیت کو ان پر لازم نہ کیا تھا مگر ہاں انہوں نے رہبانیت مذکورہ کو اللہ کی خوشنودی کے لیے ایجاد کیا تھا لیکن جو اس کی رعایت کا حق تھا انہوں نے اس کو پورا نہ کیا پھر جو ان میں سے ایمان لائے یعنی آپ پر تو ہم نے ان کو اجر دیا اور اکثر ان میں سے نافرمان ہیں۔

۱۔ طبری نے جامع ۱۳۸-۱۳۹/ ۲۷ میں لکھا ہے حضرت ابن مسعودؓ فرماتے ہیں رحمت دو عالم ﷺ نے فرمایا:

ہم سے پہلے لوگ تہتر فرقوں میں بٹ گئے تھے۔ ان میں سے تین فرقے نجات سے ہمکنار ہوئے اور باقی تباہ ہو گئے۔

ان تین فرقوں میں سے ایک فرقہ نے بادشاہوں کا مقابلہ کیا اور اللہ تعالیٰ کے دین اور حضرت عیسیٰ بن مریمؑ کے دین کی خاطر ان سے لڑائی کی تو بادشاہوں نے انہیں شہید کر دیا۔

اور ایک فرقہ میں بادشاہوں سے لڑائی کی طاقت نہیں تھی تو وہ اپنی قوم میں کھڑے ہو کر انہیں اللہ تعالیٰ کے دین اور حضرت عیسیٰ بن مریمؑ کے دین کی دعوت دینے لگے بادشاہوں نے انہیں بھی شہید کر ڈالا اور آروں سے انہیں چیر ڈالا۔

اور ایک فرقہ میں بادشاہوں سے نبرد آزمائی کی طاقت تھی نہ اس کی کہ اپنی قوم میں کھڑے ہو کر انہیں اللہ تعالیٰ کے دین حضرت عیسیٰ بن مریمؑ کے دین کی طرف بلائیں چنانچہ یہ لوگ جنگلوں اور پہاڑوں میں چلے گئے اور رہبانیت کی زندگی اختیار کر لی۔

اس بات کو اللہ تعالیٰ نے یوں بیان فرمایا ورھبانیۃ ابتدعوھا ماکتبناھا علیھم۔ آپؐ نے فرمایا انہوں نے یہ کام صرف اللہ تعالیٰ کی خوشنودی کے لیے کیا فمارعوھا حق رعایتھا کی تفسیر میں فرمایا کہ ان کے بعد والوں نے اس کام کا صحیح حق ادا نہیں کیا۔

فاتینا الذین أمنو أمنھم اجرھم کی تفسیر میں آپؐ نے فرمایا یہ وہ لوگ جو مجھ پر ایمان لائے اور میری تصدیق کی۔

وکثیر مھم فاسقون کی تفسیر میں مفسر اور نے فرمایا یہ وہ لوگ ہیں جنھوں نے میرا انکار کیا اور مجھے جھٹلایا۔

***

۵۸۔ سورۃ المجادلۃ

يٰٓاَيُّهَا الَّذِيْنَ اٰمَنُوْٓا اِذَا تَنَاجَيْتُمْ فَلَا تَتَنَاجَوْا بِالْاِثْمِ وَ الْعُدْوَانِ وَ مَعْصِيَتِ الرَّسُوْلِ وَ
تَنَاجَوْا بِالْبِرِّ وَ التَّقْوٰى ؕ وَ اتَّقُوا اللّٰهَ الَّذِيْٓ اِلَيْهِ تُحْشَرُوْنَ ﴿۹﴾ اِنَّمَا النَّجْوٰى مِنَ
الشَّيْطٰنِ لِيَحْزُنَ الَّذِيْنَ اٰمَنُوْا وَ لَيْسَ بِضَآرِّهِمْ شَيْـًٔا اِلَّا بِاِذْنِ اللّٰهِ ؕ وَ عَلَى اللّٰهِ
فَلْيَتَوَكَّلِ الْمُؤْمِنُوْنَ ﴿۱۰﴾

اے ایمان والو! جب تم آپس میں سرگوشی کرو تو گناہ کی اور ظلم کی اور رسول کی نافرمانی کی سرگوشیاں نہ کیا کرو بلکہ بھلائی اور پرہیزگاری کی باتوں کا باہم مشورہ کیا کرو اور اللہ تعالیٰ سے ڈرتے رہو جس کے روبرو تم سب جمع کیے جاؤ گے۔ اس قسم کی بری سرگوشی محض شیطان کی حرکت ہے تاکہ وہ مسلمان کو رنج میں مبتلا کر لے حالانکہ وہ اللہ تعالیٰ کی حیثیت کے بغیر مسلمانوں کو کچھ ضرر نہیں پہنچا سکتا۔

۱۔ امام احمد بن حنبلؒ نے اپنی مسند ۵/۱۹۱ میں یہ حدیث مبارکہ نقل فرمائی ہے حضرت ابن مسعودؓ فرماتے ہیں معلم انسانیت صلی اللہ علیہ وآلہ وسلم نے فرمایا:

جب تم تین ہوں تو دو آدمی اپنے تیسرے آدمی کو چھوڑ کر آپس میں سرگوشی نہ کیا کریں کیونکہ یہ بات اس کو رنجیدہ کر دے گی۔

يَرْفَعِ اللّٰهُ الَّذِيْنَ اٰمَنُوْا مِنْكُمْ ۙ وَ الَّذِيْنَ اُوْتُوا الْعِلْمَ دَرَجٰتٍ ؕ .... ﴿۱۱﴾

اللہ تعالیٰ نے تم میں سے جو لوگ ایمان لائے ہیں ان کے اور ان لوگوں کے جن کو علم دیا گیا ہے درجے بلند کر دے گا۔

ا۔ علامہ بغوی نے معالم ۷/۴۳ میں لکھا ہے حضرت ابن مسعودؓ نے یہ آیت مبارکہ تلاوت فرمائی اور ارشاد فرمایا:

لوگو! یہ آیت مبارکہ کہ سمجھو یہ تمہیں علم حاصل کرنے کی ترغیب دے رہی ہے، کیونکہ اللہ تعالیٰ فرمارہے ہیں یرفع اللہ الذین امنوامنکم والذین اوتو العلم درجات۔

عالم مومن غیر عالم پر کئی درجے فوقیت رکھتا ہے۔

لَا تَجِدُ قَوْمًا يُّؤْمِنُوْنَ بِاللّٰهِ وَ الْيَوْمِ الْاٰخِرِ يُوَآدُّوْنَ مَنْ حَآدَّ اللّٰهَ وَ رَسُوْلَهٗ وَ لَوْ كَانُوْۤا اٰبَآءَهُمْ اَوْ اَبْنَآءَهُمْ اَوْ اِخْوَانَهُمْ اَوْ عَشِيْرَتَهُمْ ؕ .... ﴿۲۲﴾

اے پیغمبر! آپ ان لوگوں کو جو اللہ تعالیٰ پر اور آخرت کے دن پر ایمان رکھتے ہیں ان لوگوں سے محبت کرتے ہوئے نہ دیکھیں جو اللہ اور اس کے رسول کے مخالف ہیں خواہ وہ ان کے باپ ہوں یا ان کے بیٹے ہوں یا ان کے بھائی ہوں یا ان کے اعزہ واقرباء ہوں۔

ا۔ سیوطی نے الدر ۶/۱۸۶ میں لکھا ہے حضرت ابن مسعودؓ فرماتے ہیں سرور دوعالم ﷺ نے فرمایا:

اللہ تعالیٰ نے ایک نبی کی طرف وحی فرمائی کہ فلاں عبادت گزار سے فرمائیں دنیا کی رغبت تجھے نفس کی راحت کا سامان مہیا کرے گی اور اس سے کٹ کر تیرا میرے پاس آنا تجھے میرے ہاں معزز بنا دے گا۔ تو نے ان حقوق کے بارے کیا عمل کیا جو میرے تجھ پر لازم تھے۔ اس نے عرض کیا اے پروردگار آپ کے کیا حقوق مجھ پر لازم ہیں۔ اللہ تعالیٰ نے فرمایا میرے کسی دوست سے تو نے دوستی کی یا میرے کسی دشمن سے دشمنی کی؟

۲۔ علامہ بغوی نے معالم ۴۶/۷ میں لکھا ہے حضرت ابن مسعودؓ نے اس آیت مبارکہ کی تفسیر میں فرمایا:

ولو کانوا آباءھم سے مراد حضرت ابو عبیدہ بن الجراحؓ ہیں کہ انہوں نے احد کے دن اپنے والد عبداللہ بن الجراح کو قتل کیا تھا۔

او ابناءھم سے مراد حضرت ابو بکر صدیقؓ ہیں کیونکہ آپ نے بدر کے دن اپنے بیٹے کو لڑائی کی دعوت دی تھی اور بارگاہ رسالت میں عرض کیا تھا اے اللہ کے رسول ﷺ! مجھے اجازت دیجئے کہ میں لشکر کے اگلے حصہ میں رہوں تو اللہ تعالیٰ کے پیغمبر ﷺ نے فرمایا تھا ابو بکر! آپ ہمارے ساتھ ہی رہیے۔

او اخوانھم سے مراد حضرت مصعب بن عمیرؓ ہیں جنہوں نے احد کے دن اپنے بھائی عبید بن عمیر کو جہنم واصل کیا تھا۔ او عشیرتھم سے مراد حضرت عمر بن خطابؓ ہیں انہوں نے اپنے ماموں عاص بن ہشام بن مغیرہ کو بدر کے دن جہنم واصل کیا تھا اور اس سے مراد

حضرت علی المرتضیؓ ہیں اور حضرت عبیدہؓ ہیں۔ ان لوگوں نے بدر کے دن ربیعہ کے دو بیٹوں عتبہ و شیبہ اور ولید بن عتبہ کو قتل کیا تھا۔

***

۵۹۔ سورۃ الحشر

مَا قَطَعْتُمْ مِّنْ لِّيْنَةٍ اَوْ تَرَكْتُمُوْهَا قَآئِمَةً عَلٰٓى اُصُوْلِهَا فَبِاِذْنِ اللّٰهِ وَ لِيُخْزِيَ الْفٰسِقِيْنَ ﴿۵﴾

اے مسلمانو! جن کھجور کے درختوں کو تم نے کاٹ ڈالا یا جن کو ان کی حالت پر چھوڑ دیا کہ وہ اپنی جڑوں پر کھڑے رہے وہ اللہ تعالیٰ کے اذن سے تھا۔

ا۔ زمخشری نے کشاف ۴/۸۰ میں لکھا ہے حضرت ابن مسعودؓ نے فرمایا:

حضرات صحابہ کرامؓ نے لڑائی کا میدان بنانے کے لیے کچھ درخت کاٹ دیے تھے۔

... وَ مَآ اٰتٰىكُمُ الرَّسُوْلُ فَخُذُوْهُ وَ مَا نَهٰىكُمْ عَنْهُ فَانْتَهُوْا ... ﴿۷﴾

اور رسول تم کو جو دیا کرے اسے لے لیا کرو اور جس چیز سے تم کو منع کر دیا کرے اس سے رک جایا کرو۔

ا۔ امام احمد بن حنبلؒ نے اپنی مسند ۶/۸۰ میں لکھا ہے حضرت ابن مسعودؓ نے فرمایا:

ایک عورت تھی ام یعقوب نامی اسے اپنے گھر میں یہ بات پتا چلی تو وہ حضرت ابن مسعودؓ کی خدمت میں حاضر ہوئی اور کہا مجھے پتا چلا ہے کہ آپ نے یوں یوں فرمایا ہے؟ حضرت ابن

مسعودؓ نے فرمایا میں اس پر کیوں نہ لعنت کروں جس پر قرآن مجید میں اللہ تعالیٰ کے رسول ﷺ نے لعنت فرمائی ہو۔

اس نے کہا میں نے بھی قرآن مجید پڑھ رکھا ہے میں نے تو یہ بات اس میں نہیں پائی آپؓ نے فرمایا اگر تو نے پڑھا ہوتا تو یہ بات اس میں ضرور پاتی۔ کیا تو نے یہ نہیں پڑھا وما آتاکم الرسول فخذوہ ومانھاکم عنہ فانتھوا اس نے کہا کیوں نہیں یہ تو پڑھا ہے۔

حضرت ابن مسعودؓ نے فرمایا اس میں کوئی شک نہیں کہ سرور دو عالم ﷺ نے اس کام سے منع فرمایا ہے۔

۳۔ علامہ زمخشری نے کشاف ۸۱/۴ میں لکھا ہے حضرت ابن مسعودؓ نے فرمایا:

انہیں ایک ایسا احرام والا آدمی ملا جس کے اوپر کپڑے تھے، آپؓ نے اسے فرمایا یہ کپڑے اتار دے، اس نے کہا اس بارے قرآن مجید کی کوئی آیت مجھے پڑھ کر سنائیے۔

حضرت ابن مسعودؓ نے فرمایا ٹھیک ہے پھر آپؓ نے یہی آیت مبارکہ تلاوت فرمائی۔

.... وَ مَنْ يُّوْقَ شُحَّ نَفْسِهٖ فَاُولٰٓئِكَ هُمُ الْمُفْلِحُوْنَ ﴿۹﴾

اور جو اپنے طبعی بخل سے بچا لیا گیا وہ وہی کامیاب ہیں۔

۱۔ طبری نے جامع ۲۸/۲۹ میں لکھا ہے حضرت ابو شعثاء اپنے والد کے حوالے سے بیان کرتے ہیں کہ ایک آدمی حضرت ابن مسعودؓ کی خدمت میں حاضر ہوا اور کہنے لگا حضرت مجھے اندیشہ ہے تباہ ہو جاؤں گا۔ آپؓ نے فرمایا کیوں کیا ہوا؟ اس نے کہا میں نے اللہ تعالیٰ کا یہ

فرمان سنا ہے ومن یوق شح نفسہ جبکہ میں اتنا بخیل آدمی ہوں کہ کہ مجال ہے کوئی چیز میرے ہاتھ سے نکل جائے۔

حضرت ابن مسعودؓ نے فرمایا یہ وہ بخل نہیں جس کا ذکر اللہ نے قرآن مجید میں فرمایا ہے، وہ بخل تو یہ ہے کہ تو اپنے کسی بھائی کا مال ظلم سے ہڑپ کر لے، البتہ یہ بخل بھی بڑی بری چیز ہے۔

كَمَثَلِ الشَّيْطٰنِ اِذْ قَالَ لِلْاِنْسَانِ اكْفُرْ ۚ فَلَمَّا كَفَرَ قَالَ اِنِّيْ بَرِيْٓءٌ مِّنْكَ اِنِّيْٓ اَخَافُ اللّٰهَ رَبَّ الْعٰلَمِيْنَ ﴿١٦﴾

ان منافقین کی مثال شیطان جیسی ہے کہ وہ انسان سے کہتا ہے تو کافر ہو جا پھر جب وہ کافر ہو جاتا ہے تو کہتا ہے کہ میں تجھ سے بے تعلق ہوں۔

طبری نے جامع ۲۸/۳۳ میں لکھا ہے حضرت ابن مسعودؓ نے اس آیت کریمہ کی تفسیر میں فرمایا:

ایک عورت بکریاں چراتی تھی اس کے چار بھائی تھے، وہ ایک رات ایک راہب کے گرجا میں چلی گئی، راہب آیا تو اس نے اس عورت سے بدکاری کر لی جس سے وہ حاملہ ہو گئی۔

اب شیطان اس راہب کے پاس آ کر کہنے لگا تم اسے قتل کر کے کہیں دفنا دو کیونکہ تو بندہ بڑا معتبر ہے تیری بات مانی جاتی ہے۔ چنانچہ اس نے اسے قتل کیا اور دفنا دیا۔

پھر شیطان اس عورت کے بھائیوں کے خواب میں آیا اور ان سے کہنے لگا یہ گرجے والا جو راہب ہے اس نے تمہاری بہن سے منہ کالا کیا ہے جب وہ حاملہ ہوگئی تو اسے قتل کرکے فلاں جگہ دفنا دیا ہے۔

صبح ہوئی تو ان میں سے ایک کہنے لگا اللہ کی قسم میں نے گزشتہ رات ایک ایسا خواب دیکھا ہے میں فیصلہ نہیں کر پا رہا کہ تمہیں بتاؤں یا رہنے دوں۔

انہوں نے کہا بتاؤ۔ اس نے خواب سنا دیا تو دوسرے نے کہا اللہ کی قسم میں نے بھی یہی خواب دیکھا ہے۔ سب نے کہا یہ تو ایک ہی خواب ہے۔

اس کے بعد یہ گھر سے نکل کھڑے ہوئے اور اپنے بادشاہ کو اس راہب کے خلاف ابھارا۔ پھر راہب کے پاس آئے اور اسے لے کر بادشاہ کے پاس آئے۔

اب شیطان اسے ملا اور کہا یہ میں ہوں جس نے تجھے اس مصیبت میں ڈالا ہے اب تجھے میرے علاوہ کوئی اور نہیں بچا سکتا ہے تو مجھے ایک سجدہ کر دے تو میں تجھے اس مصیبت سے نجات دلا دوں گا تو راہب نے اسے سجدہ کر لیا۔

جب یہ لوگ اسے بادشاہ کے پاس لائے تو بادشاہ نے اس سے برات کا اظہار کرکے اسے گرفتار کرا دیا اور وہ قتل کر دیا گیا۔

۲۔ سیوطی نے الدر ۲۰۰/۶ میں لکھا ہے حضرت ابن مسعودؓ نے فرمایا :

اللہ تعالیٰ نے سرور دو عالم ﷺ کے زمانہ مبارک کے کفار اور منافقین کی مثال بیان فرمائی ہے کہ ان کی مثال شیطان کی مثال کی طرح ہے جو انسان کو کہتا ہے کہ تو کفر کر

لَوْ اَنْزَلْنَا هٰذَا الْقُرْاٰنَ عَلٰی جَبَلٍ لَّرَاَیْتَهٗ خَاشِعًا مُّتَصَدِّعًا مِّنْ خَشْیَةِ اللّٰهِ ...(۲۱)

اگر ہم اس قرآن کو پہاڑ پر اتارتے تو تم اس پہاڑ کو دیکھتے کہ وہ خدا کے خوف سے دب جاتا اور پھٹ جاتا۔

سیوطی نے الدر ۲۰۱/۶ میں لکھا ہے حضرت ابن مسعودؓ اور حضرت علی المرتضیٰؓ سے مرفوعا نقل ہے کہ لوانزلنا هذا القرآن علی جبل لرایته سے سورۃ کے آخر تک۔ یہ آیات سر درد کے دم کے لیے ہیں۔

۲۔ علامہ سیوطیؒ نے الدر ۲۰۱-۲۰۲/۶ میں لکھا ہے آگے ذکر ہونے والی حدیث کے راوی ادریس بن عبدالحکیم الحداد فرماتے ہیں میں نے خلف کے پاس پڑھا جب میں اس آیت مبارکہ لو انزلنا هذا القرآن علی جبل پر پہنچا تو انہوں نے فرمایا اپنا ہاتھ اپنے سر پر رکھو کیونکہ میں نے سلیم کے پاس پڑھا جب میں اس آیت مبارکہ پر پہنچا تو انہوں نے مجھ سے فرمایا اپنا ہاتھ اپنے سر پر رکھو کیونکہ میں نے اعمش کے پاس پڑھا جب میں اس آیت پر پہنچا تو انہوں نے مجھ سے فرمایا اپنا ہاتھ اپنے سر پر رکھو کیونکہ میں نے حضرت یحییٰ بن وثاب سے پڑھا جب میں اس آیت مبارکہ پر پہنچا تو انہوں نے فرمایا اپنا ہاتھ اپنے سر پر رکھو کیونکہ میں نے حضرت علقمہ اور حضرت اسود سے پڑھا جب میں اس آیت کریمہ پر پہنچا تو ان دونوں حضرات نے مجھ سے فرمایا اپنا ہاتھ اپنے سر پر رکھو کیونکہ ہم دونوں نے حضرت ابن مسعودؓ کے پاس پڑھا جب ہم اس آیت کریمہ پر پہنچے تو انہوں نے فرمایا تم دونوں اپنے ہاتھ اپنے

سر پر رکھو کیونکہ میں معلم کائنات صلی اللہ علیہ وآلہ وسلم کے پاس پڑھا جب میں اس آیت مبارکہ پر پہنچا تو سرورِ دو عالم صلی اللہ علیہ وآلہ وسلم نے فرمایا اپنا ہاتھ اپنے سر پر رکھو کیونکہ حضرت جبرائیلؑ جب یہ آیت مبارکہ لے کر نازل ہوئے تھے تو انہوں نے مجھ سے کہا تھا اپنا دست اقدس اپنے سر مبارک پر رکھیے کیونکہ یہ آیت مبارکہ سام کے علاوہ ہر بیماری کے لیے شفا ہے اور سام موت کو کہتے ہیں۔

***

٦٠۔ سورۃ الممتحنۃ

يَاَيُّهَا الَّذِيْنَ اٰمَنُوْا لَا تَتَوَلَّوْا قَوْمًا غَضِبَ اللّٰهُ عَلَيْهِمْ قَدْ يَئِسُوْا مِنَ الْاٰخِرَةِ كَمَا يَئِسَ الْكُفَّارُ مِنْ اَصْحٰبِ الْقُبُوْرِ ﴿١٣﴾

اے ایمان والو تم اس قوم سے دوستی مت کرو جن پر اللہ تعالیٰ کا غضب ہو اور وہ آخرت سے اسی طرح مایوس ہیں جیسے کفار اپنے قبروں والوں سے مایوس ہو چکے ہیں۔

١۔ سیوطی نے الدر ١٢١/٦ میں لکھا ہے حضرت ابن مسعودؓ نے اس آیت مبارکہ کی تفسیر میں فرمایا:

تو یہ لوگ آخرت پر ایمان بھی نہیں لائیں گے اور نہ اس کی امید رکھتے ہیں۔

٢۔ ابن کثیرؒ نے اپنی تفسیر ١٢٩/٨ میں فرمایا:

جیسے یہ کافر اس وقت ناامید ہو جائے گا جب مرے گا اور اپنے کیے کا بدلہ دیکھے گا اور اس سے مطلع ہو گا۔

٣۔ قرطبی نے احکام ٧٦/١٨ میں لکھا ہے حضرت ابن مسعودؓ نے فرمایا اس کا معنی یہ ہے کہ انہوں نے آخرت کے لیے عمل کرنا چھوڑ رکھا ہے اور دنیا کو ترجیح دے لی ہے۔

***

٦١۔ سورۃ الصف

وَ اِذْ قَالَ عِیْسَی ابْنُ مَرْیَمَ یٰبَنِیْٓ اِسْرَآءِیْلَ اِنِّیْ رَسُوْلُ اللّٰہِ اِلَیْکُمْ مُّصَدِّقًا لِّمَا بَیْنَ
یَدَیَّ مِنَ التَّوْرٰىةِ وَ مُبَشِّرًا بِرَسُوْلٍ یَّاْتِیْ مِنْۢ بَعْدِی اسْمُهٗٓ اَحْمَدُ .... ﴿۶﴾

اور جب عیسیٰ بن مریم نے کہا اے بنی اسرائیل! بیشک میں تمہاری طرف اللہ کا رسول ہوں اور اپنے سے پہلی کتاب کی تصدیق کرنے والا اور اپنے بعد آنے والے ایک رسول کی خوشخبری دینے والا ہوں جس کا نام احمد ہو گا۔

ا۔ امام احمد بن حنبلؒ نے اپنی مسند ۱۸۵-۱۸۶/۶ میں یہ حدیث مبارکہ نقل فرمائی ہے۔

حضرت ابن مسعودؓ نے فرمایا:

سرور دو عالم صلی اللہ علیہ وآلہ وسلم نے ہمیں نجاشی کے پاس بھیجا ہم کوئی اسی ایک آدمی تھے، ان میں حضرت ابن مسعود، حضرت جعفر، حضرت عبداللہ بن عرفطہ، حضرت عثمان بن مظعون اور حضرت ابو موسیٰؓ شامل تھے۔ یہ لوگ نجاشی کے پاس آئے۔

قریش نے عمرو بن ابی العاص اور عمارۃ ابن الولید کو تحائف دے کر بھیجا۔ یہ دونوں جب نجاشی کے پاس گئے تو اسے سجدہ کیا پھر اس کے دائیں بائیں بیٹھ گئے اور کہا ہمارے کچھ رشتہ دار آپ کے ملک میں آئے ہیں۔ وہ لوگ ہم سے اور ہمارے دین سے پھر گئے ہیں۔

بادشاہ نے کہا وہ کہاں ہیں؟ ان دونوں نے کہا وہ آپ کے ملک میں ہیں انہیں بلائیے۔ بادشاہ نے انہیں بلا بھیجا۔

حضرت جعفرؓ نے فرمایا میں آج تمہارا متکلم ہوں۔ سب لوگ ان کے پیچھے چل دیے۔

حضرت جعفرؓ نے سلام اور سجدہ نہ کیا۔ لوگوں نے کہا تم نے بادشاہ کو سجدہ کیوں نہیں کیا؟ حضرت جعفرؓ نے فرمایا ہم لوگ اللہ عز وجل کے علاوہ کسی کو سجدہ نہیں کرتے۔ بادشاہ نے کہا کیوں؟ حضرت جعفرؓ نے فرمایا:

اللہ تعالیٰ نے اپنا پیغمبر ﷺ ہماری طرف مبعوث فرمایا ہے انہوں نے ہمیں حکم دیا ہے کہ ہم اللہ عز وجل کے علاوہ کسی کو بھی سجدہ نہ کریں۔ اور آپؐ نے ہمیں نماز اور زکوٰۃ کا حکم فرمایا ہے۔

عمرو بن عاص نے کہا یہ لوگ حضرت عیسیٰ بن مریمؑ کے بارے میں بھی آپ سے مختلف رائے رکھتے ہیں۔ بادشاہ نے پوچھا تم لوگ حضرت عیسیٰ بن مریم اور آپ کی والدہ محترمہ کے بارے میں کیا رائے رکھتے ہیں۔

حضرت جعفرؓ نے فرمایا:

ہم وہی کہتے ہیں جو اللہ عز وجل نے فرمایا ہے۔ وہ اللہ تعالیٰ کا کلمہ اور روح ہیں جو اللہ تعالیٰ نے پاکدامن کنواری عورت کی طرف ڈالا جسے کسی انسان نے نہیں چھوا تھا اور نہ ہی ان کے ہاں پہلے کوئی بچہ پیدا ہوا تھا۔

بادشاہ نے زمین سے ایک تنکا اٹھایا اور کہا اے حبشہ والو اور اے راہبو! اللہ کی قسم ان کی اور ہماری رائے میں ذرہ برابر بھی اختلاف نہیں۔ میں تمہیں اور تمہارے ساتھ آنے والوں کو خوش آمدید کہتا ہوں۔ میں گواہی دیتا ہوں کہ آپؐ اللہ کے رسول ہیں کیونکہ یہ وہی ہستی ہیں جن کا تذکرہ ہم انجیل میں پاتے ہیں اور یہ وہی رسول ہیں جن کی بشارت حضرت عیسیٰؑ نے دی ہے۔ تم لوگ جہاں مرضی رہو۔ اللہ کی قسم اگر میں اس بادشاہی میں مصروف نہ ہوتا تو میں ضرور آپ ﷺ کی خدمت میں حاضر ہوتا تاکہ آپؐ کے نعلین مبارک اٹھاؤں اور آپؐ کو وضو کراؤں۔

پھر اس نے حکم دیا کہ ان دونوں کو تحائف واپس کر دئے جائیں۔

حضرت ابن مسعودؓ جلدی واپس آ گئے حتیٰ کہ آپ ﷺ نے جنگ بدر میں شرکت فرمائی اور ان کا گمان یہ ہے کہ سرورِ دوعالم ﷺ نے جب نجاشی کی وفات کے بارے سنا تو ان کے لیے بخشش کی دعا فرمائی۔

***

٦٢۔ سورۃ الجمعہ

ا۔ علامہ سیوطی نے الدر ۲۴۷/ ٦ میں لکھا ہے حضرت ابن مسعودؓ نے فرمایا رسالتمآب ﷺ جمعۃ المبارک کی نماز میں سورۃ جمعہ اور سبح اسم ربک الاعلی کی تلاوت فرمایا کرتے تھے۔

يٰۤاَيُّهَا الَّذِيْنَ اٰمَنُوْۤا اِذَا نُوْدِيَ لِلصَّلٰوةِ مِنْ يَّوْمِ الْجُمُعَةِ فَاسْعَوْا اِلٰى ذِكْرِ اللّٰهِ وَ ذَرُوا الْبَيْعَ ؕ ذٰلِكُمْ خَيْرٌ لَّكُمْ اِنْ كُنْتُمْ تَعْلَمُوْنَ ﴿۹﴾

اے ایمان والو! جب نماز کے لیے جمعہ کے دن تم کو آواز دی جائے۔۔۔۔۔)

ا۔ ابن ماجہ نے اپنی سنن ۳۴۸/ ا میں یہ روایت درج فرمائی ہے حضرت علقمہ فرماتے ہیں میں حضرت ابن مسعودؓ کے ہمراہ جمعہ کی نماز کو گیا۔ آپؓ نے دیکھا تو تین آدمی آپؓ سے پہلے پہنچ چکے تھے تو آپ ﷺ نے فرمایا میں چوتھا ہوں اور چوتھا بھی زیادہ دور نہیں ہوگا کیونکہ میں نے سرور دو عالم ﷺ کو سنا آپ ﷺ فرمارہے تھے۔

لوگ جمعہ کو جانے کے حساب سے ہی قیامت کے دن اللہ کے قریب بیٹھیں گے۔ پہلا ہوگا پھر دوسرا ہوگا پھر تیسرا ہوگا پھر آپؐ نے فرمایا جو چوتھا ہوگا وہ بھی زیادہ دور نہیں ہوگا۔

۲۔ قرطبی نے احکام ۱۸/۱۱۸ میں لکھا ہے حضرت ابن مسعودؓ نے فرمایا جمعہ پڑھنے جلدی جایا کرو کیونکہ اللہ تبارک تعالیٰ ہر جمعہ کو اہل جنت کے لیے سفید کافور میں ظہور فرمایا کریں گے تو لوگ اس کے قرب میں یوں ہوں گے حضرت ابن مبارکؒ نے فرمایا یعنی جس حساب سے دنیا میں جمعہ کو جلدی جایا کرتے تھے۔

حضرت یحییٰ بن سلامؒ نے فرمایا یعنی دنیا میں جمعہ کو جلدی جانے کے حساب سے پھر اللہ تعالیٰ ان لوگوں کے اکرام میں ایسی چیز پیدا فرمائیں گے جو انہوں نے اس سے قبل دیکھی نہ ہوگی۔

۳۔ امام احمد بن حنبلؒ نے اپنی مسند ۵/۳۱۲ میں یہ حدیث مبارکہ نقل فرمائی ہے حضرت ابن مسعودؓ فرماتے ہیں:

سرور دو عالم صلی اللہ علیہ وآلہ وسلم نے فرمایا:

کچھ لوگ جمعہ سے پیچھے رہ جاتے ہیں میرا ارادہ بنتا ہے کہ میں کسی کو جماعت کرانے کا کہوں اور خود جا کر جمعہ سے پیچھے رہ جانے والوں کے گھروں کو آگ لگا دوں۔

وَ اِذَا رَاَوْا تِجَارَةً اَوْ لَهْوَا انْفَضُّوْٓا اِلَيْهَا وَ تَرَكُوْكَ قَآئِمًا ؕ قُلْ مَا عِنْدَ اللّٰهِ خَيْرٌ مِّنَ اللَّهْوِ وَ مِنَ التِّجَارَةِ ؕ وَ اللّٰهُ خَيْرُ الرّٰزِقِيْنَ ﴿۱۱﴾

جب کوئی تجارتی قافلہ یا کھیل تماشے کی بات دیکھتے ہیں تو اس کے لیے منتشر ہو جاتے ہیں اور آپ کو کھڑا ہوا چھوڑ جاتے ہیں آپ فرما دیں جو چیز اللہ کے پاس ہے وہ کھیل تماشے اور تجارت سے بدرجہا بہتر ہے اللہ تعالیٰ سب روزی دینے والوں سے بڑھ کر روزی دینے والا ہے۔

۱۔ ابن ماجہ نے اپنی سنن ۳۵۲/ ا میں لکھا ہے حضرت ابن مسعودؓ سے پوچھا گیا کہ رسالت مآب صلی اللہ علیہ وآلہ وسلم جمعہ کا خطبہ کھڑے ہو کر ارشاد فرماتے تھے یا بیٹھ کر؟ حضرت ابن مسعودؓ نے فرمایا تو نے یہ نہیں پڑھا وترکوک قائما۔

۲۔ امام ترمذیؒ نے اپنی صحیح ۲۹۷/ ۲ میں لکھا ہے حضرت ابن مسعودؓ نے فرمایا:

سرور دو عالم صلی اللہ علیہ وآلہ وسلم جب منبر پر تشریف فرما ہو جاتے تو ہم لوگ آپؐ کی طرف چہرے کر کے بیٹھ جاتے۔

۳۔ حاکم نے مستدرک ۴۸۸/ ۲ میں لکھا حضرت ابن مسعودؓ نے فرمایا یہ نماز طویل کرو اور خطبہ مختصر پڑھو سے مراد نماز جمعہ ہے۔

***

٦٣۔ سورۃ المنافقون

٦٤۔ سورۃ التغابن

هُوَ الَّذِیْ خَلَقَکُمْ فَمِنْکُمْ کَافِرٌ وَّ مِنْکُمْ مُّؤْمِنٌ ؕ وَ اللّٰہُ بِمَا تَعْمَلُوْنَ بَصِیْرٌ ﴿۲﴾

وہی ذات ہے جس نے تم کو بنایا پس تم میں بعض کافر اور بعض مومن ہیں اللہ تعالیٰ تمہارے اعمال کو دیکھنے والے ہیں۔

قرطبی نے احکام ۱۳۲/۱۸ میں لکھا ہے حضرت ابن مسعودؓ نے فرمایا کہ رسالت مآب صلی اللہ علیہ وآلہ وسلم کا ارشاد ہے:

اللہ تعالیٰ نے فرعون کو اس کی ماں کے پیٹ میں کافر پیدا کیا تھا اور حضرت یحییٰ بن زکریا علیہما السلام کو ان کی والدہ محترمہ کے بطن میں ہی مومن پیدا کیا تھا۔

۲۔ امام احمد بن حنبلؒ نے اپنی مسند ۲۲۳/۵ میں یہ حدیث شریف نقل فرمائی ہے حضرت ابن مسعودؓ فرماتے ہیں رسالت مآب صلی اللہ علیہ وآلہ وسلم نے ہمیں بیان فرمایا کہ قسم اس ذات کی جس کے

سوا کوئی معبود نہیں تم میں سے کوئی اہل جنت کے اعمال کرتا رہتا ہے حتیٰ کہ اس کے اور جنت کے درمیان ایک گز کا فاصلہ رہ جاتا ہے تو تقدیر کا لکھا غالب آجاتا ہے اور وہ جہنمیوں والے اعمال کر کے جہنم کا ایندھن بن جاتا ہے۔

اور کوئی بندہ ایسا ہوتا ہے کہ جہنمیوں والے اعمال کرتا رہتا ہے حتیٰ کہ اس کے اور جہنم کے درمیان ایک گز کا فاصلہ رہ جاتا ہے تو تقدیر کا لکھا غالب آجاتا ہے۔جس سے اس کا خاتمہ اہل جنت والے اعمال پر ہوتا ہے اور وہ جنت میں داخل ہو جاتا ہے۔

مَآ اَصَابَ مِنْ مُّصِيْبَةٍ اِلَّا بِاِذْنِ اللّٰهِ ؕ وَ مَنْ يُّؤْمِنْ بِاللّٰهِ يَهْدِ قَلْبَهٗ ؕ .... ﴿۱۱﴾

تم کو جو مصیبت پہنچتی ہے وہ اللہ تعالیٰ کے اذن سے پہنچتی ہے اور جو اللہ تعالیٰ پر ایمان لائے اللہ تعالیٰ اس کے دل کی رہنمائی کر دیتے ہیں۔

امام بخاریؒ نے اپنی صحیح ۶/۱۵۵ میں لکھا ہے حضرت ابن مسعودؓ نے فرمایا:

ومن یومن باللہ یھد قلبہ سے مراد وہ آدمی ہے جسے کوئی مصیبت پہنچے اور وہ رضائے الٰہی پر راضی رہے اور پہچان لے کہ یہ مصیبت اللہ تعالیٰ کے حکم سے آئی ہے۔

***

٦٥ ـ سورۃ الطلاق

ا ۔ امام ابوداوُدؒ نے اپنی سنن ۲۳۱/ ا میں لکھا ہے حضرت ابن مسعودؓ نے فرمایا :

جو چاہے میں اس کے مباہلہ کے لیے تیار ہوں سورۃ طلاق یہ چھوٹی سورۃ نساء ہے ۔ چار ماہ دس دن والی عدت کے بعد اتری ہے ۔

ا يٰٓاَيُّهَا النَّبِيُّ اِذَا طَلَّقْتُمُ النِّسَآءَ فَطَلِّقُوْهُنَّ لِعِدَّتِهِنَّ وَ اَحْصُوا الْعِدَّةَ ۚ وَ اتَّقُوا اللّٰهَ رَبَّكُمْ ۚ .... ﴿۱﴾

ے نبی !جب تم اپنی بیویوں کو طلاق دینے کا ارادہ کرو تو عدت کے وقت سے پہلے طلاق دو اور عدت کو شمار کرو اور اللہ تعالیٰ سے ڈرو جو تمہارا رب ہے ۔

ا ۔ علامہ بغوی نے معالم ۱۹۱/ ا میں لکھا ہے حضرت ابن مسعودؓ نے فرمایا :

سنت طلاق یہ ہے کہ بندہ عورت کو طہر میں طلاق دے جس میں اس نے صحبت نہ کی ہو ۔

....لَا تُخْرِجُوْهُنَّ مِنْۢ بُيُوْتِهِنَّ وَ لَا يَخْرُجْنَ اِلَّآ اَنْ يَّاْتِيْنَ بِفَاحِشَةٍ مُّبَيِّنَةٍ ؕ ... ﴿١﴾

تم ان کو ان کے گھروں سے نہ نکالو اور نہ وہ خود نکلیں مگر یہ کہ وہ کسی کھلی بے حیائی کا ارتکاب کریں۔

ا۔ علامہ بغوی نے معالم ۷/۹۰ میں لکھا ہے اہل علم کی ایک جماعت نے کہا ہے فاحشۃ سے مراد یہ ہے کہ کوئی عورت زنا کی مرتکب پائی گئی ہو پھر اسے شرعی سزا کے نفاذ کے لیے گھر سے باہر لایا گیا ہو پھر سزا کے بعد واپس اس کے گھر لوٹا دیا گیا ہو۔

.... مَنْ يَّتَّقِ اللّٰهَ يَجْعَلْ لَّهٗ مَخْرَجًا ﴿٢﴾ وَّ يَرْزُقْهُ مِنْ حَيْثُ لَا يَحْتَسِبُ ؕ ... ﴿٣﴾

جو اللہ تعالیٰ کا تقوی اختیار کرے گا اللہ تعالیٰ اس کے لیے نکلنے کی راہ پیدا کر دیں گے اور ایسی جگہ سے اس کو رزق دیں گے جہاں سے اس کو تصور بھی نہیں۔

ا۔ طبری نے جامع ۲۸/۸۹ میں لکھا ہے حضرت ابن مسعودؓ نے اس آیت مبارکہ ومن یتق اللہ یجعل لہ مخرجا کی تفسیر میں فرمایا:

بندہ جان لے کہ یہ سب کچھ اللہ تعالیٰ کی طرف سے ہے اور یہ کہ وہ اللہ تعالیٰ ہی عطا فرماتا ہے اور وہی روکتا ہے۔

۲۔ سیوطی نے الدر ۶/۲۳۳ میں لکھا ہے حضرت ابن مسعودؓ نے فرمایا مخرجا سے مراد نجات ہے۔

۳۔ سیوطی نے الدر ۶/۲۳۳ میں لکھا ہے حضرت ابن مسعودؓ نے من حیث لایحتسب کی تفسیر میں فرمایا کہ ایسی جگہ سے جہاں سے بندہ جانتا بھی نہیں۔

۴۔ حاکم نے مستدروک ۵۴۳/ ا میں لکھا ہے حضرت ابن مسعودؓ فرماتے ہیں:

ایک صحابی رسالت مآب ﷺ کی خدمت اقدس میں حاضر ہوئے اور میرا خیال ہے وہ حضرت عوف بن مالکؓ تھے۔ انہوں نے عرض کیا اے اللہ کے رسول ﷺ فلاں خاندان نے مجھ پر ہلہ بولا اور میرے بیٹے اور اونٹ لے گئے۔

رحمت دو عالم ﷺ نے فرمایا آل محمد ﷺ کے اتنے گھر ہیں۔ اور میرا خیال ہے آپؐ نے فرمایا نو گھر ہیں۔ ان میں کھانے کا نہ ایک صاع ہے نہ مد، البتہ میں اللہ عزوجل سے دعا کروں گا۔

حضرت عوفؓ اپنی اہلیہ کی طرف لوٹ گئے۔ اہلیہ نے پوچھا اللہ کے پیارے رسول ﷺ نے کیا جواب ارشاد فرمایا ہے؟ حضرت عوفؓ نے انہیں ساری بات بتائی۔

حضرت ابن مسعودؓ نے فرمایا کچھ مدت ہی گزری تھی کہ ان اونٹوں اور بیٹوں سے زیادہ اونٹ اور بیٹے ان کو عطا کر دیے گئے۔ یہ پھر رسالت مآب ﷺ کی خدمت میں حاضر ہوئے اور آپ ﷺ کو اس سارے معاملے سے مطلع کیا تو رحمت عالم ﷺ منبر پر قیام فرما ہو گئے اللہ تعالیٰ کی حمد و ثناء فرمائی اور لوگوں کو اللہ عزوجل سے مانگنے اور اسی کی طرف لو لگائے رکھنے کا حکم فرمایا اور یہ آیت مبارکہ ان کے سامنے تلاوت فرمائی:

ومن یتق اللہ یجعل لہ مخرجا ویرزقہ من حیث لا یحتسب۔

۴۔ امام ابن کثیرؒ نے اپنی تفسیر ۱۷۲/۸ میں لکھا ہے حضرت ابن مسعودؓ نے فرمایا:

سب سے زیادہ کشائش کا بیان کرنے والی آیت قرآن مجید میں یہ ہے ومن یتق اللہ یجعل لہ مخرجا۔

... مَنْ يَّتَوَكَّلْ عَلَى اللّٰهِ فَهُوَ حَسْبُهٗ ؕ اِنَّ اللّٰهَ بَالِغُ اَمْرِهٖ ؕ قَدْ جَعَلَ اللّٰهُ لِكُلِّ شَيْءٍ قَدْرًا ﴿۳﴾

جو شخص اللہ تعالیٰ پر بھروسہ کرتا ہے وہ اس کے لیے کافی ہے بیشک اللہ اپنا کام پورا کر کے رہتا ہے بلاشبہ اللہ تعالیٰ نے ہر چیز کا ایک اندازہ مقرر کر رکھا ہے۔

۱۔ امام احمد بن حنبلؒ نے اپنی مسند ۲۵۷-۲۵۸/۵ میں لکھا ہے حضرت ابن مسعودؓ فرماتے ہیں رحمت دو عالم صلی اللہ علیہ وآلہ وسلم نے فرمایا:

جس بندے کو کوئی حاجت درپیش ہوتی ہے اور وہ اس کے حل کے لیے لوگوں کے پاس چلا جاتا ہے تو وہ اسی لائق ہے کہ اس کی مشکل آسان نہ ہو اور جو اللہ کی بارگاہ میں آجاتا ہے اللہ عزوجل جلد پہنچنے والے رزق سے اس کی مشکل آسان فرما دیتے ہیں یا دیر سے آنے والی موت سے معاملہ حل فرما دیتے ہیں۔

۲۔ طبری نے جامع ۲۸/۹۰ میں لکھا ہے حضرت ابن مسعودؓ نے ومن یتوکل علی اللہ فھو حسبہ کی تفسیر میں فرمایا توکل کرنے والا وہ نہیں ہے جس کی ضرورت پوری ہو چکی ہو۔

۳۔ سیوطی نے الدر ۲۳۴/۶ میں لکھا ہے حضرت ابن مسعودؓ نے اسی آیت مبارکہ کی تفسیر میں فرمایا:

توکل کرنے والا وہ نہیں جو کہتا ہے میری ضرورت پوری ہوجاتی ہے اور نہ ہی وہ متوکل ہے جو اللہ تعالیٰ پر بھروسہ رکھتا ہے تو اللہ تعالیٰ اس کی پریشانیوں سے کافی ہوجاتا ہے اور اس کی مصیبتیں دور فرمادیتا ہے اور اس کی ضروریات پوری فرمادیتا ہے۔ بلکہ اللہ تعالیٰ نے متوکل کو توکل نہ کرنے والے پر یوں فضیلت دی ہے کہ اس کے گناہ مٹا دیتے ہیں اور اسے زیادہ اجر عطا فرمائیں گے۔

قد جعل الله لكل شئ قدرا میں فرمایا کہ قدرا سے مراد مدت مقرر اور انتہا ہے۔

۴۔ طبری نے جامع ۲۸/۹۰ میں لکھا ہے حضرت شتیر بن شکل اور حضرت مسروق ایک جگہ اکٹھا بیٹھے تھے کہ حضرت شتیر نے کہا آپ نے جو کچھ حضرت ابن مسعودؓ سے سنا وہ بیان کریں میں اس کی تصدیق کروں گا یا پھر میں بیان کرتا ہوں آپ تصدیق کریں۔

حضرت مسروق نے فرمایا میں نہیں کرتا آپ بیان کریں میں تصدیق کروں گا تو حضرت شتیر نے فرمایا میں نے حضرت ابن مسعودؓ سے سنا ہے آپ صلی اللہ علیہ وآلہ وسلم فرماتے تھے:

خود سپردگی کا بیان کرنے والی سب سے بڑی آیت قرآن مجید میں یہ ہے

ومن یتوکل علی الله فهو حسبه

وَ الّٰٓئِیْ یَئِسْنَ مِنَ الْمَحِیْضِ مِنْ نِّسَآئِکُمْ اِنِ ارْتَبْتُمْ فَعِدَّتُهُنَّ ثَلٰثَةُ اَشْهُرٍ ۙ وَّ الّٰٓئِیْ لَمْ یَحِضْنَ ؕ .... ﴿۴﴾

اور اگر تم کو اپنی ان مطلقہ عورتوں کی عدت کے بارے میں شبہ ہو جو عورتیں حیض سے مایوس ہو چکیں تو ان کی عدت تین ماہ ہے اسی طرح ان عورتوں کی عدت بھی تین ماہ ہے جن کو حیض آنا نہ شروع ہوا ہو۔

ا۔ علامہ بغوی نے معالم ۷/۹۲ میں لکھا ہے مراد وہ چھوٹی بچیاں ہیں جو ایام آنے کی عمر کو نہ پہنچی ہوں پس ان کی عدت تین ماہ ہے، رہی وہ جوان لڑکی جسے ایام آتے تھے مگر انتہائی بوڑھی عورتوں کی عمر تک پہنچنے سے پہلے ہی اس کے ایام آنے بند ہو گئے ہوں تو اس کے بارے میں اکثر اہل علم کی رائے یہ ہے کہ اس کی عدت تب تک ختم نہ ہو جب تک دو کام نہ ہو جائیں، یا اس کے ایام دوبارہ شروع ہو جائیں ایسی صورت میں تین حیض شمار کر لیے جائیں گے یا پھر ایسی عمر کو پہنچ جائے جس میں حیض آتا ہی نہیں ایسی صورت میں تین ماہ عدت شمار کر لی جائے گی۔

حضرت عثمان اور حضرت ابن مسعودؓ کا یہی فرمان ہے۔

وَ اُولَاتُ الْاَحْمَالِ اَجَلُهُنَّ اَنْ يَّضَعْنَ حَمْلَهُنَّ ؕ .... ﴿۴﴾

اور حاملہ عورتوں کی عدت وضع حمل ہے۔

ا۔ امام نسائیؒ نے اپنی سنن ۶/۱۹۷ میں یہ حدیث درج فرمائی ہے:

حضرت ابن مسعودؓ نے فرمایا میں اس بات میں مباہلہ کے لیے تیار ہوں کہ یہ آیت عدت والی آیت سے بعد اتری ہے۔

اَسْكِنُوْهُنَّ مِنْ حَيْثُ سَكَنْتُمْ مِّنْ وُّجْدِكُمْ وَ لَا تُضَآرُّوْهُنَّ لِتُضَيِّقُوْا عَلَيْهِنَّ ؕ وَ اِنْ كُنَّ اُولَاتِ حَمْلٍ فَاَنْفِقُوْا عَلَيْهِنَّ حَتّٰى يَضَعْنَ حَمْلَهُنَّ ۚ ....﴿۶﴾

تم ان مطلقات کو اپنی طاقت کے مطابق مکان دو جہاں تم آپ رہے ہو اور ان کو تنگ کرنے کی غرض سے تکلیف نہ پہنچاؤ اور اگر وہ حاملہ ہوں تو وضع حمل تک ان کا خرچہ اٹھاؤ۔

۱۔ طبری نے جامع ۲۸/۹۵ میں لکھا ہے کہ کچھ علماء نے وان کن اولات حمل سے ہر مطلقہ مراد لی ہے چاہے اس کا خاوند حق رجوع رکھتا ہو یا نہ رکھتا ہو۔

ان علماء میں حضرت عمر بن خطاب اور حضرت ابن مسعودؓ بھی ہیں۔

۲۔ طبری نے جامع ۲۸/۹۰ میں لکھا ہے حضرت ابراہیمؒ فرماتے ہیں حضرت عمر اور حضرت ابن مسعودؓ طلاق یافتہ عورت کو تین چیزیں دلایا کرتے تھے۔ رہائش خرچہ اور چند استعمال کے کپڑے۔

۳۔ ابن جوزی نے زاد ۸/۲۹۷ میں لکھا ہے علماء کرام کی رائے ایسی حاملہ کے بارے مختلف ہے جس کا خاوند فوت ہو گیا ہے حضرت ابن مسعودؓ اور حضرت ابن عمرؓ نے فرمایا مرد کے تمام مال سے اسے نفقہ دیا جائے گا۔

۴۔ امام رازی نے مفاتیح ۲/۲۸۶ میں لکھا ہے طلاق یافتہ عورت رہائش کی حقدار ہے۔ یہ حضرت عمر اور حضرت ابن مسعودؓ کا ارشاد ہے۔

***

٦٦۔ سورۃ التحریم

یٰۤاَیُّهَا النَّبِیُّ لِمَ تُحَرِّمُ مَاۤ اَحَلَّ اللّٰهُ لَكَ ۚ تَبْتَغِیْ مَرْضَاتَ اَزْوَاجِكَ ؕ وَ اللّٰهُ غَفُوْرٌ
رَّحِیْمٌ ﴿۱﴾ قَدْ فَرَضَ اللّٰهُ لَكُمْ تَحِلَّةَ اَیْمَانِكُمْ ۚ وَ اللّٰهُ مَوْلٰىكُمْ ۚ وَ هُوَ الْعَلِیْمُ
الْحَكِیْمُ ﴿۲﴾

اے پیغمبر! تم کیوں حرام کرتے ہو اس چیز کو جو اللہ نے تمہارے لیے حلال کر رکھی ہے۔ تم اپنی بیویوں کی رضا کو چاہتے ہو اللہ تعالیٰ بخشنے رحم کرنے والے ہیں۔ اللہ تعالیٰ نے تمہارے لیے قسموں سے نکلنا لازم کر دیا اللہ تعالیٰ تمہارا کارساز ہے اور علم و حکمت والا ہے۔

ا۔ علامہ بغوی نے معالم ۷/۹۷ میں لکھا ہے لفظ تحریم کے بارے اہل علم کا اختلاف ہے کچھ علماء نے فرمایا یہ قسم نہیں ہے۔ چنانچہ اگر کسی نے اپنی بیوی سے کہا تو مجھ پر حرام ہے یا میں نے تجھے حرام قرار دے دیا ہے تو اگر اس نے اس لفظ سے طلاق کی نیت کی تو اسے طلاق ہو جائے گی اور اگر اس سے ظہار کی نیت کی تو ظہار ہو گا اور اگر اس لفظ سے اس عورت کا جسم حرام قرار دینے کی نیت کی یا مطلق لفظ کہا تو اس مرد پر محض اس لفظ کی وجہ سے قسم کا کفارہ ہو گا۔

اگر کسی کھانے کے بارے میں کہا کہ میں نے اسے اپنے لیے حرام قرار دے لیا تو اس پر کچھ بھی لازم نہیں آئے گا۔
حضرت ابن مسعودؓ کی رائے یہی ہے اور حضرت امام شافعیؒ نے بھی یہی رائے اختیار فرمائی ہے۔

۲۔ علامہ سیوطی نے الدر ۶/۲۴۲ میں لکھا ہے حضرت ابن مسعودؓ نے فرمایا رسالت مآب صلی اللہ علیہ وآلہ وسلم نے اپنی بعض ازواج مطہرات سے ایلاء فرمایا اور حرام قرار دے لیں، پھر حرام قرار دی ہوئیں کو اللہ تعالیٰ نے حلال کر دیا اور ایلاء کے بارے حکم دیا کہ قسم والا کفارہ ادا فرمایا جائے۔

اِنْ تَتُوْبَآ اِلَى اللّٰهِ فَقَدْ صَغَتْ قُلُوْبُكُمَا ۚ وَ اِنْ تَظٰهَرَا عَلَيْهِ فَاِنَّ اللّٰهَ هُوَ مَوْلٰىهُ وَ جِبْرِيْلُ وَ صَالِحُ الْمُؤْمِنِيْنَ ۚ وَ الْمَلٰٓئِكَةُ بَعْدَ ذٰلِكَ ظَهِيْرٌ ﴿۴﴾

اور اگر تم پیغمبر کے مقابلہ میں ایک دوسرے کی مددگار بنی رہو گی تو یاد رکھنا کہ پیغمبر کا رفیق اور حامی اللہ تعالیٰ ہے اور جبرائیل اور نیک مومن اور فرشتے اس کے علاوہ مددگار ہیں۔
علامہ سیوطیؒ نے الدر ۶/۲۴۳ میں لکھا ہے کہ ابن عساکر نے یہ روایت نقل کی ہے حضرت ابن مسعودؓ فرماتے ہیں رسالت مآب صلی اللہ علیہ وآلہ وسلم نے اس آیت مبارکہ کی تفسیر میں فرمایا کہ صالح المومنین سے مراد حضرت ابو بکر صدیق اور حضرت عمر فاروقؓ ہیں۔

يٰٓاَيُّهَا الَّذِيْنَ اٰمَنُوْا تُوْبُوْٓا اِلَى اللّٰهِ تَوْبَةً نَّصُوْحًا ؕ عَسٰى رَبُّكُمْ اَنْ يُّكَفِّرَ عَنْكُمْ سَيِّاٰتِكُمْ وَ يُدْخِلَكُمْ جَنّٰتٍ تَجْرِيْ مِنْ تَحْتِهَا الْاَنْهٰرُ ۙ

اے ایمان والو! اللہ تعالیٰ کی بارگاہ میں خالص توبہ کرو عنقریب تمہارا رب تم پر سے تمہاری غلطیاں مٹا دے گا اور تم کو ایسے باغات میں داخل کرے گا جس کے نیچے نہریں جاری ہیں۔

۱۔ طبری نے جامع ۱۰۸/۲۸ میں لکھا ہے حضرت ابن مسعودؓ نے فرمایا توبۃ نصوحا سے مراد ایسی توبہ ہے کہ توبہ کرے تو پھر توبہ توڑے نہ۔

۲۔ حاکم نے مستدرک ۴۹۰/۲ میں لکھا ہے حضرت ابن مسعودؓ نے فرمایا توبۃ النصوح تمام گناہ مٹا دیتی ہے اور یہ بات قرآن مجید میں ہے۔ یہ فرما کر قرآن مجید کی یہ آیت مبارکہ تلاوت فرمائی:

یا ایھا الذین امنوا توبو الی اللہ توبۃً نصوحا عسی ربکم ان یکفر عنکم سیئاتکم۔

۳۔ امام ابن ماجہ نے اپنی سنن ۱۴۲۰-۱۴۱۹/۲ میں یہ حدیث مبارکہ نقل فرمائی ہے حضرت ابن مسعودؓ فرماتے ہیں پیغمبر آخر الزمان صلی اللہ علیہ وآلہ وسلم نے فرمایا:

گناہ سے تائب ہو جونے والا ایسے ہے جیسے کسی نے گناہ کیا ہی نہ ہو۔

۴۔ حاکم نے مستدرک ۲۶۱/۴ میں لکھا ہے حضرت ابن مسعودؓ فرماتے ہیں رحمت دو عالم صلی اللہ علیہ وآلہ وسلم نے ارشاد فرمایا:

جنت کے آٹھ دروازے ہیں۔ سات بند ہیں، ایک دروازہ توبہ کے لیے اس وقت تک کھلا ہے جب تک کہ سورج اس کی طرف سے نہ نکلے۔

۵۔ امام احمد بن حنبلؒ نے اپنی مسند ۱۹۴-۱۹۵/۵ میں لکھا ہے حضرت عبداللہ بن معقل بن مقرن فرماتے ہیں میں اپنے والد کے ہمراہ حضرت ابن مسعودؓ کے پاس گیا تو والد محترم نے پوچھا کیا آپ نے رسول خدا صلی اللہ علیہ وآلہ وسلم کو یہ فرماتے سنا ہے کہ ندامت بھی توبہ ہے؟ حضرت ابن مسعودؓ نے فرمایا ہاں!

***

٦٧۔ سورۃ الملک

ا۔ حاکم نے مستدرک ۳۴۹۸ میں لکھا ہے حضرت ابن مسعودؓ نے فرمایا بندے کو جب قبر میں رکھا جاتا ہے تو اس کے پاؤں کی طرف کوئی چیز آنے لگتی ہے تو اس کے پاؤں کہتے ہیں تمہارے لیے میری جانب سے کوئی راستہ نہیں۔ یہ ہم پر کھڑا ہو کر سورۃ ملک کی تلاوت کیا کرتا تھا پھر وہ اس کے سینے کی طرف جاتی ہے یا آپ ﷺ نے فرمایا اس کے پیٹ کی طرف جاتی ہے تو پیٹ کہتا ہے تمہارے لیے میری جانب سے کوئی راستہ نہیں کیونکہ یہ بندہ میرے ساتھ سورۃ ملک کی تلاوت کرتا تھا۔ پھر وہ سر کی طرف جاتی ہے تو سر کہتا ہے تمہارے لیے میری جانب سے کوئی راستہ نہیں یہ بندہ میرے ذریعے سورۃ ملک کی تلاوت کیا کرتا تھا۔

حضرت ابن مسعودؓ نے فرمایا اس سورۃ کا نام مانعہ ہے کیونکہ یہ عذاب قبر کو روکتی ہے۔ اور تورات میں بھی یہ سورۃ ملک کے نام سے موجود ہے۔ جس نے رات کو اس کی تلاوت کرلی اس نے گویا کافی سارا پڑھ لیا۔

***

۶۸۔ سورۃ القلم

نٓ وَ الۡقَلَمِ وَ مَا یَسۡطُرُوۡنَ ﴿۱﴾

ن اور قسم ہے قلم کی اور جو لکھتے ہیں۔

ا۔ طبری نے جامع ۲۱/۴۶ میں لکھا ہے حضرت ابن عباس، حضرت مسعود اور چند دیگر اصحاب رسول صلی اللہ علیہ وآلہ وسلم اجمعین سے روایت ہے:

اللہ تعالیٰ نے زمین ایک مچھلی کے اوپر بنائی ہے اور یہ مچھلی وہی نون ہے جس کا ذکر اللہ تعالیٰ نے قرآن مجید میں یوں فرمایا ہے ن و القلم ومایسطرون۔

عُتُلٍّ بَعۡدَ ذٰلِکَ زَنِیۡمٍ ﴿۱۳﴾

بدمزاج اور بداصل اس کے علاوہ۔

ا۔ قرطبی نے احکام ۱۸/۲۳۳ میں لکھا ہے حضرت ابن مسعودؓ روایت فرماتے ہیں سرور دو عالم صلی اللہ علیہ وآلہ وسلم نے فرمایا جواظ جنت میں جائے گا نہ ہی جعظری اور نہ ہی عتل زنیم۔

ایک آدمی نے عرض کیا جواظ کیا ہے جعظری کون ہے اور عتل زنیم کسے کہتے ہیں؟ معلم کائنات صلی اللہ علیہ وآلہ وسلم نے ارشاد فرمایا:

جواظ وہ ہے جس نے جمع کیا اور روکے رکھا اور جعظری بد مزاج بندہ ہے اور عتل زنیم وہ تند خو بڑے پیٹ والا کئی لوگوں کا کھانا چٹ کر جانے والا۔

اِنَّا بَلَوْنٰهُمْ كَمَا بَلَوْنَاۤ اَصْحٰبَ الْجَنَّةِ ۚ اِذْ اَقْسَمُوْا لَيَصْرِمُنَّهَا مُصْبِحِيْنَ ﴿۱۷﴾ وَ لَا يَسْتَثْنُوْنَ ﴿۱۸﴾ فَطَافَ عَلَيْهَا طَآئِفٌ مِّنْ رَّبِّكَ وَ هُمْ نَآئِمُوْنَ ﴿۱۹﴾ فَاَصْبَحَتْ كَالصَّرِيْمِ ﴿۲۰﴾

بیشک ہم نے ان کو آزمایا جیسا باغ والوں کو آزمایا جبکہ انہوں نے قسمیں اٹھائیں کہ وہ اس باغ کا پھل صبح سویرے توڑلیں گے اور انہوں نے انشاء اللہ نہ کہا تو رات کو ان پر تیرے رب کا گھومنے والا گھوم گیا جبکہ وہ سو رہے تھے پس وہ باغ کٹی ہوئی کھیتی کی طرح بن گیا۔

۱۔ ابن کثیر نے اپنی تفسیر ۸/۲۲۲ میں لکھا ہے حضرت ابن مسعودؓ فرماتے ہیں رحمت دو جہان ﷺ نے فرمایا:

لوگو! گناہوں سے بچو کیونکہ بندہ کوئی گناہ کرتا ہے تو اس گناہ کی وجہ سے ایسے رزق سے محروم ہو جاتا ہے جو اسے دیا جا رہا ہوتا ہے۔ یہ ارشاد فرما کر آپؐ نے یہ آیت مبارکہ تلاوت فرمائی:

فطاف علیها طائف من ربک وهدنا نائمون، فاصبحت کالصریم۔

یہ لوگ اپنے گناہوں کہ وجہ سے اپنے بہترین باغ سے محروم ہو گئے۔

قَالُوْا يٰوَيْلَنَآ اِنَّا كُنَّا طٰغِيْنَ (۳۱) عَسٰى رَبُّنَآ اَنْ يُّبْدِلَنَا خَيْرًا مِّنْهَآ اِنَّآ اِلٰى رَبِّنَا رٰغِبُوْنَ (۳۲)

وہ کہنے لگے ہائے افسوس! ہم سرکشی اختیار کرنے والے تھے امید ہے کہ ہمارا رب ہمیں اس کے بہتر باغ بدلے میں دے ہم اپنے رب کی طرف رغبت کرنے والے ہیں۔

۱۔ علامہ بغویؒ نے معالم ۱۱۲/۷ میں لکھا ہے حضرت ابن مسعودؓ نے فرمایا:

مجھے پتا چلا کہ کچھ لوگوں نے اخلاص سے کام لیا، اللہ تعالیٰ نے ان کے اندر سچائی دیکھی تو بدلے میں ان کو ایسا باغ عطا فرمایا جس کا نام حیوان ہے۔ اس میں ایسے انگور ہیں جن کا ایک گچھا ایک خچر اٹھا سکتا ہے۔

يَوْمَ يُكْشَفُ عَنْ سَاقٍ وَّ يُدْعَوْنَ اِلَى السُّجُوْدِ فَلَا يَسْتَطِيْعُوْنَۙ (۴۲) خَاشِعَةً اَبْصَارُهُمْ تَرْهَقُهُمْ ذِلَّةٌ ؕ وَ قَدْ كَانُوْا يُدْعَوْنَ اِلَى السُّجُوْدِ وَ هُمْ سٰلِمُوْنَ (۴۳)

اس دن کو یاد کرو جس دن تجلی ساق ہو گی اور ان کو سجدہ کی دعوت دی جائے گی وہ اس کی طاقت نہ رکھیں گے ان کی نگاہیں جھکی ہوں گی اور ان پر ذلت چھا رہی ہو گی ان کو سجدہ کی طرف دعوت دی جاتی تھی اس حال میں کہ وہ بھلے چنگے ہوتے تھے۔

۱۔ طبری نے جامع ۲۴-۲۵/۲۹ میں لکھا ہے حضرت ابن مسعودؓ نے فرمایا قیامت کے دن اللہ تعالیٰ مخلوق کے سامنے جلوہ افروز ہونگے۔ مسلمان کا گزر ہو گا تو اللہ تعالیٰ پوچھے گا تم کس کی عبادت کرتے ہو؟ وہ کہیں گے ہم اللہ تعالیٰ کی عبادت کرتے ہیں اس کے ساتھ کسی کو

شریک نہیں بناتے ۔ وہ کہے گا تم اپنے رب کو پہچانتے ہو؟ یہ کہیں گے وہ پاک ہے جب ہمارے سامنے آئے گا تو ہم پہچان لیں گے ۔

اس لمحے اللہ تعالیٰ پنڈلی مبارک سے پردہ ہٹائیں گے سب مومن سجدہ ریز ہو جائیں گے اور منافق یوں رہیں گے۔ ان کی پشتیں ایک تختے کی مانند ہو جائیں گی گویا اس میں لوہے کی سلاخیں ہوں۔ منافق کہیں گے اے ہمارے رب!۔ اللہ تعالیٰ فرمائیں گے :
تم جب صحیح و سالم تھے تو تمہیں سجدہ کی طرف بلایا جاتا تھا۔
***

٦٩۔ سورۃ الحاقۃ

وَ اَمَّا عَادٌ فَاُهْلِكُوْا بِرِيْحٍ صَرْصَرٍ عَاتِيَةٍۙ ﴿٦﴾ سَخَّرَهَا عَلَيْهِمْ سَبْعَ لَيَالٍ وَّ ثَمٰنِيَةَ اَيَّامٍۙ ....﴿٧﴾

اور پھر عاد کو باد سرکش سے ہلاک کیا گیا جو ہاتھوں سے نکلی جاتی تھی جو ان پر سات راتیں اور آٹھ دن مسلسل مسلط کر دی گئی۔

ا۔ طبری نے جامع ۲۹/۳۲ میں لکھا ہے حضرت ابن مسعودؓ نے فرمایا:

حسوما کا معنی لگاتار ہے۔

يَوْمَئِذٍ تُعْرَضُوْنَ لَا تَخْفٰى مِنْكُمْ خَافِيَةٌ ﴿١٨﴾

اس دن تم پیش کیے جاؤ گے تمہاری کوئی چھپنے والی بات نہ چھپ سکے گی۔

ا۔ طبری نے جامع ۲۹/۳۸ میں لکھا ہے حضرت ابن مسعودؓ نے فرمایا:

قیامت کے دن لوگوں کی تین پیشیاں ہوں گی۔ دو پیشیاں عذر معذرت اور جھگڑوں کی ہوں گی اور تیسری پیشی میں اعمال نامے ہاتھوں میں اچھال دیے جائیں گے۔

***

۷۰۔ سورۃ المعارج

اِنَّ الْاِنْسَانَ خُلِقَ هَلُوْعًا ﴿١٩﴾ اِذَا مَسَّهُ الشَّرُّ جَزُوْعًا ﴿٢٠﴾ وَّ اِذَا مَسَّهُ الْخَيْرُ
مَنُوْعًا ﴿٢١﴾

بیشک انسان بے صبرا ہے۔ جب اسے ذرا سی تکلیف پہنچتی ہے جزع فزع کرتا ہے اور جب اس کو خیر کی بات پہنچتی ہے تو اترانے لگتا ہے۔

طبری نے الدر ۶/۲۶۶ میں لکھا ہے حضرت ابن مسعودؓ نے الذین هم علی صلاتهم دائمون کی تفسیر میں فرمایا کہ نمازوں کے اوقات پر ہمیشگی کرتے ہیں۔

***

۷۱۔ سورۃ نوح

۷۲۔ سورۃ الجن

وَّ اَنَّهٗ لَمَّا قَامَ عَبْدُ اللّٰهِ يَدْعُوْهُ كَادُوْا يَكُوْنُوْنَ عَلَيْهِ لِبَدًا ۟ؕ﴿۱۹﴾

اور یہ کہ جب اللہ تعالیٰ کا خاص بندہ خدا کی عبادت کے لیے کھڑا ہوتا ہے تو لوگ اس پر ہجوم کر کے اس پر ٹوٹے پڑتے ہیں۔

سیوطی نے الدر ۲۶۵/۲۷۴ میں لکھا ہے حضرت ابن مسعودؓ نے فرمایا ہجرت سے پہلے کہ بات ہے رحمت دو عالم ﷺ مکہ مکرمہ کے نواح میں ہمارے پاس تشریف لائے میرے لیے زمین پر ایک لکیر کھینچی اور فرمایا کوئی چیز نظر آئے تو ڈرنا نہیں پھر خود تھوڑا آگے تشریف لے جا کر بیٹھ گئے۔ وہاں بہت زیادہ آدمی تھے گویا۔۔۔۔۔۔ اور یہ بالکل ایسے تھے جیسے اللہ تعالیٰ نے فرمایا ہے کادوا یکونون علیہ لبدا۔

***

۷۳۔ سورۃ المزمل

وَ رَتِّلِ الْقُرْاٰنَ تَرْتِيْلًا ﴿۴﴾

اور تم قرآن مجید کو ترتیل سے پڑھو۔

ا۔ سیوطی نے الدر۲۷۷/۶میں لکھا ہے حضرت علقمہ نے حضرت ابن مسعودؓ کے پاس قرآن مجید کی تلاوت کی تو آپ نے فرمایا اسے ترتیل سے پڑھا کرو کیونکہ ترتیل اسے مزین کر دیتی ہے۔

۲۔ قرطبی نے احکام ۱۸-۱۷/۱میں لکھا ہے حضرت ابن مسعودؓ نے فرمایا قرآن مجید کو اچھے طریقے سے پڑھا کرو اور اسے اچھی آوازوں سے مزین کرو اور اسے عرب کے لہجے میں پڑھو کیونکہ یہ عربی ہے اور اللہ تعالیٰ کو یہ پسند ہے کہ اسے عرب کے انداز سے پڑھا جائے۔

۳۔ امام احمد بن حنبلؒ نے اپنی مسند ۶۳-۶۲/۶میں لکھا ہے حضرت ابن مسعودؓ کے پاس ایک آدمی آیا اور کہا کہ میں نے گزشتہ رات مفصل سورۃ ایک ہی رکعت میں پڑھی ہے۔ حضرت ابن مسعودؓ نے فرمایا کیا ایسے جیسے کھجوریں بکھری ہوتی ہیں اور کیا ایسے جیسے شعر جلدی جلدی

پڑھے جاتے ہیں؟ میں وہ سورتیں جانتا ہوں جنہیں رحمت کائنات ﷺ آپس میں ملاتے تھے یعنی دو سورتیں ایک رکعت میں۔

۴۔ علامہ بغوی نے معالم ۷/۱۳۸ میں لکھا ہے حضرت ابن مسعودؓ نے فرمایا قرآن مجید کو کھجوروں کی طرح نہ بکھیرو اور نہ ہی شعر کی طرح جلدی جلدی پڑھو اس کے عجائبات پر رکا کرو اور اس کے ذریعے دلوں کو متحرک کیا کرو، تمہارا مقصد سورۃ ختم کرنا نہ ہو۔

اِنَّ نَاشِئَةَ الَّیْلِ هِیَ اَشَدُّ وَطْاً وَّ اَقْوَمُ قِیْلًا ؕ﴿۶﴾

بیشک رات کا اٹھنا نفس کو پامال کرنے میں نہایت موثر اور بات کے اعتبار سے ٹھیک ہے۔

۱۔ حاکم نے مستدرک ۲/۵۰۵ میں لکھا ہے حضرت ابن مسعودؓ نے فرمایا حبشہ کی زبان میں ناشئۃ اللیل قیام لیل کو کہتے ہیں۔

اِنَّ لَدَیْنَاۤ اَنْکَالًا وَّ جَحِیْمًا ﴿۱۲﴾

بیشک ہمارے ہاں بیڑیاں اور آتش سوزاں ہے۔

۱۔ سیوطی نے الدر ۶/۲۷۹ میں لکھا ہے حضرت ابن مسعودؓ نے فرمایا انکالا کا معنی بیڑیاں۔

... وَ اٰخَرُوْنَ یَضْرِبُوْنَ فِی الْاَرْضِ یَبْتَغُوْنَ مِنْ فَضْلِ اللّٰهِ ۙ وَ اٰخَرُوْنَ یُقَاتِلُوْنَ فِیْ سَبِیْلِ اللّٰهِ... ﴿۲۰﴾

اور بعض لوگ اللہ تعالیٰ کا فضل تلاش کرنے کے لیے زمین میں سفر کریں گے۔ اور کچھ اللہ تعالیٰ کی راہ میں قتال کرنے والے ہوں گے۔

ا۔ علامہ بغوی نے معالم ۱۴۲/۷میں لکھا ہے حضرت ابن مسعودؓ نے فرمایا:

جو بندہ کوئی چیز لے کر کسی مسلمان شہر میں آئے صبر کرنے والا ہو اور ثواب کی نیت والا ہو اور اس چیز کو اسی دن کے ریٹ پر بیچ دے تو یہ اللہ تعالیٰ کے ہاں شہید جتنا درجہ رکھتا ہے۔

یہ فرما کر آپؓ نے یہ آیت مبارکہ تلاوت فرمائی:

وآخرون يضربون في الارض يبتغون من فضل الله وآخرون يقاتلون في سبيل الله۔

***

۷۴۔ سورۃ المدثر

مَا سَلَكَكُمْ فِيْ سَقَرَ ﴿۴۲﴾ قَالُوْا لَمْ نَكُ مِنَ الْمُصَلِّيْنَ ﴿۴۳﴾ وَ لَمْ نَكُ نُطْعِمُ
الْمِسْكِيْنَ ﴿۴۴﴾ وَ كُنَّا نَخُوْضُ مَعَ الْخَآئِضِيْنَ ﴿۴۵﴾ وَ كُنَّا نُكَذِّبُ بِيَوْمِ الدِّيْنِ ﴿۴۶﴾
حَتّٰى اَتٰىنَا الْيَقِيْنُ ﴿۴۷﴾ فَمَا تَنْفَعُهُمْ شَفَاعَةُ الشّٰفِعِيْنَ ﴿۴۸﴾

تم کو دوزخ میں کس چیز نے ڈالا وہ جواب دیں گے نہ تو ہم نماز پڑھتے تھے اور نہ مسکین کو کھانا کھلاتے تھے یہاں تک کہ موت آگئی پس ایسے لوگوں کو سفارش والوں کی سفارش فائدہ نہ دے گی۔

ا۔ طبری نے جامع ۱۰۵/۲۹ میں لکھا ہے حضرت ابن مسعودؓ نے شفاعت کا واقعہ بیان کرتے ہوئے فرمایا:

پھر فرشتے، انبیاء علیہم السلام، شہدا، نیک لوگ اور مومن شفاعت کریں گے اور اللہ تعالیٰ ان کی شفاعت قبول فرمائیں گے میں سب سے بڑا رحم کرنے والا ہوں پھر جتنی مخلوق پہلے آگ سے نکال چکے ہوں گے اس سے زیادہ اب نکالیں گے۔ پھر فرمائیں گے میں سب سے زیادہ رحم کرنے والا ہوں۔

یہ فرما کر حضرت ابن مسعودؓ نے یہ آیت مبارکہ تلاوت فرمائی اے کافرو! ما سلککم فی سقر، قالوا لم نک من المصلین، ولم نک نطعم المسکین، وکنا نخوض مع الخائضین وکنا نکذب یوم الدین۔

***

۷۵۔ سورۃ القیامۃ

يَقُوْلُ الْاِنْسَانُ يَوْمَىٕذٍ اَيْنَ الْمَفَرُّ ﴿۱۰﴾ كَلَّا لَا وَزَرَ ﴿۱۱﴾

اس دن انسان کہے گا آج کہیں بھاگنے کی جگہ ہے۔ ہرگز نہیں آج پناہ کی جگہ نہیں۔

۱۔ قرطبی نے احکام ۱۹/۹۶ میں لکھا ہے حضرت ابن مسعودؓ فرمایا کرتے تھے لاوزر کا معنی ہے کوئی پناہ نہیں ہوگی۔

۲۔ ابن کثیرؒ نے اپنی تفسیر ۸/۳۰۲ میں تحریر کیا ہے کہ حضرت ابن مسعودؓ اور حضرت ابن عباسؓ وغیرہ نے فرمایا معنی یہ ہے کہ کوئی نجات نہ ہوگی۔

اِلٰى رَبِّكَ يَوْمَىٕذِ ِالْمُسْتَقَرُّ ﴿۱۲﴾

اس دن آپ کے رب ہی کے پاس ٹھکانہ ہوگا۔

۱۔ قرطبی نے احکام ۱۹/۹۷ میں ذکر کیا ہے کہ کہ حضرت ابن مسعودؓ نے فرمایا تیرے پروردگار کی طرف ہی ہوگا لوٹنا اور واپس جانا۔

يُنَبَّؤُا الْاِنْسَانُ يَوْمَىٕذٍ بِمَا قَدَّمَ وَ اَخَّرَ ﴿۱۳﴾

اس دن انسان کو اس کے اگلے پچھلے اعمال سے آگاہ کر دیا جائے گا۔

ا۔ طبری نے جامع ۱۱۵/۲۹ میں لکھا ہے حضرت ابن مسعودؓ نے فرمایا:

بما قدم سے مراد انسان کے اعمال ہیں اور اخر سے مراد اس کا وہ اچھا یا برا طریقہ ہے جس پر اس کے بعد والوں نے عمل کیا۔

كَلَّا بَلْ تُحِبُّوْنَ الْعَاجِلَةَ ﴿۲۰﴾ وَ تَذَرُوْنَ الْاٰخِرَةَ ﴿۲۱﴾

ہرگز نہیں مگر بات یہ ہے کہ تم جلد آنے والی کو پسند کرتے ہو اور آخرت کو چھوڑتے ہو۔

ا۔ سیوطی نے ۲۸۹-۲۹۰/۶ میں لکھا ہے حضرت ابن مسعودؓ نے اس آیت کریمہ کی تفسیر میں فرمایا:

دنیا کی چمک اور اچھائی ان کے سامنے کر دی گئی اور آخرت ان سے پوشیدہ کر دی گئی۔

***

۷۶۔ سورۃ الانسان

اِنَّا خَلَقْنَا الْاِنْسَانَ مِنْ نُّطْفَةٍ اَمْشَاجٍ ﴿۲﴾ ...

بیشک ہم نے انسان کو ایسے نطفہ سے بنایا جو ملے جلے اجزا سے مرکب تھا۔

۱۔ طبری نے جامع ۲۹/۱۲۷ میں لکھا ہے حضرت ابن مسعودؓ نے فرمایا امشاج کا معنی ہے اس کی رگیں۔

۲۔ قرطبی نے احکام ۱۹/۱۱۹ میں لکھا ہے حضرت ابن مسعودؓ سے مروی ہے آدمی کا مادہ تولید اور عورت کا مادہ تولید یہ دو رنگ ہیں۔

.... لَا يَرَوْنَ فِيْهَا شَمْسًا وَّ لَا زَمْهَرِيْرًا ﴿۱۳﴾

وہ جنت میں نہ سورج کی سخت گرمی پائیں گے اور نہ سخت ٹھنڈک۔

۱۔ طبری نے جامع ۲۹/۱۳۲ میں لکھا ہے حضرت ابن مسعودؓ نے زمہریر کے بارے میں فرمایا کہ یہ بھی عذاب کا ایک رنگ ہے۔ اللہ تعالیٰ کا ارشاد ہے لا يذوقون فيها برد اولا شرابا۔

۲۔ قرطبی نے احکام ۱۹/۱۳۶ میں لکھا ہے حضرت ابن مسعودؓ نے فرمایا یہ بھی سزا کا ایک طریقہ ہے یہ شدید سردی ہے اتنی شدید کہ جہنمیوں کو جب اس میں ڈالا جائے گا تو وہ اللہ تعالیٰ سے دعا کریں گے کہ انہیں آگ کا عذاب ایک ہزار سال دے لیا جائے کیونکہ وہ زمہریر کے ایک دن کے عذاب سے ہلکا ہے۔

....وَ ذُلِّلَتْ قُطُوْفُهَا تَذْلِيْلًا ﴿۱۴﴾

اور ان کے پھل ان کے اختیار میں کر دیے جائیں گے۔

۱۔ سیوطی نے الدر ۶/۲۰۰ میں لکھا ہے حضرت ابن مسعودؓ نے فرمایا اہل جنت کے غلمان کہیں گے ہم کہاں سے تیرے پھل توڑ کر لائیں اور کس جگہ سے تجھے پلائیں؟

***

۷۷۔ سورۃ المرسلات

وَ الْمُرْسَلٰتِ عُرْفًا ﴿۱﴾

اور قسم ہے ان ہواؤں کی جو نفع رسانی کے لیے بھیجی جاتی ہیں۔

۱۔ طبری نے جامع ۲۹/۱۴۰ میں لکھا ہے حضرت ابن مسعودؓ نے فرمایا عرفا سے مراد ہوا ہے۔

۲۔ طبری نے جامع ۲۹/۱۴۱ میں لکھا ہے حضرت ابن مسعودؓ نے فرمایا والمرسلات سے مراد فرشتے ہیں۔

۳۔ قرطبی نے احکام ۱۹/۱۵۲ میں لکھا ہے بعض نے کہا ہے ان سے مراد پند و نصیحت کی باتیں ہیں۔

وَّ النّٰشِرٰتِ نَشْرًا ﴿۳﴾

پھر ان ہواؤں کی قسم ہے جو زور سے چلتی ہیں۔

۱۔ طبری نے جامع ۲۹/۱۴۲ میں لکھا ہے حضرت ابو عبیدہ ین نے حضرت ابن مسعودؓ سے دریافت کیاالناشرات نشرا کیا ہے تو آپؓ نے فرمایا ہوا۔

فَالْفٰرِقٰتِ فَرْقًا ﴿۴﴾ فَالْمُلْقِيٰتِ ذِكْرًا ﴿۵﴾ عُذْرًا اَوْ نُذْرًا ﴿۶﴾

اور قسم ہے ان ہواؤں کی جو بادلوں کو پھاڑ کر جدا کر دیتی ہیں اور ان ہواؤں کی جو دل میں اللہ تعالیٰ کی یاد پیدا کرتی ہیں عذر کرنے یا ڈرانے کو۔

۱۔ ابن کثیر نے اپنی تفسیر ۸/۳۲۱ میں لکھا ہے آیت کریمہ میں مذکور سب چیزوں سے مراد فرشتے ہیں۔

یہ حضرت ابن مسعودؓ اور حضرت ابن عباسؓ وغیرہ کا ارشاد ہے۔

اَلَمْ نَخْلُقْكُّمْ مِّنْ مَّآءٍ مَّهِيْنٍ ﴿۲۰﴾ فَجَعَلْنٰهُ فِيْ قَرَارٍ مَّكِيْنٍ ﴿۲۱﴾ اِلٰى قَدَرٍ مَّعْلُوْمٍ ﴿۲۲﴾ فَقَدَرْنَا ۖ فَنِعْمَ الْقٰدِرُوْنَ ﴿۲۳﴾

کیا ہم نے تم کو ایک ناقدر پانی سے نہیں بنایا پھر ہم نے اس نطفہ کو ایک محفوظ مقام میں ایک مقررہ وقت تک کے لیے رکھا غرض ہم نے اس کی بناوٹ کا ایک اندازہ کیا ہم کیا خوب اندازہ کرنے والے ہیں۔

۱۔ قرطبی نے احکام ۱۹/۱۵۸ میں لکھا ہے معنی یہ ہے کہ ہم نے بدبخت اور خوش بخت بنائے ہیں اور ہم کتنا ہی اچھا بنانے والے ہیں۔

حضرت ابن مسعودؓ نے یہ تفسیر رحمت کائنات صلی اللہ علیہ وآلہ وسلم سے روایت فرمائی ہے۔

اَلَمْ نَجْعَلِ الْاَرْضَ كِفَاتًاۙ ﴿۲۵﴾ اَحْيَآءً وَّ اَمْوَاتًاۙ ﴿۲۶﴾

کیا ہم نے زمین کو سب کو سمیٹنے والا نہیں بنایا زندوں کو بھی اور مردوں کو بھی۔

ا۔ طبری نے جامع ۱۴۵/۲۹ میں لکھا ہے حضرت ابن مسعودؓ کو اپنے کپڑوں میں ایک جوں ملی تو آپؓ نے اسے مسجد میں دفن کر کے فرمایا:

الم نجعل الارض کفاتا، احیا واموانا۔

اِنَّهَا تَرْمِیْ بِشَرَرٍ كَالْقَصْرِۚ ﴿۳۲﴾

وہ دھوئیں کا بادل آگ کی بڑی بڑی چنگاریاں پھینکتا ہے جو محل کی طرح ہیں۔

ا۔ سیوطی نے الدر ۳۰۴/۶ میں لکھا ہے حضرت ابن مسعودؓ نے اس آیت مبارکہ کی تفسیر میں فرمایا:

وہ چنگاریاں درختوں اور پہاڑوں جتنی نہیں ہوں گی بلکہ وہ شہروں اور قلعوں جتنی ہوں گی۔

وَ اِذَا قِیْلَ لَهُمُ ارْكَعُوْا لَا یَرْكَعُوْنَ ﴿۴۸﴾

اور جب ان کو کہا جاتا ہے تم رکوع کرو وہ رکوع نہیں کرتے۔

ا۔ طبری نے جامع ۱۵۰/۲۹ میں لکھا ہے حضرت ابن مسعودؓ نے ایک آدمی کو دیکھا کہ نماز تو پڑھتا ہے مگر رکوع نہیں کرتا اور دوسرا اپنا تہبند گھسیٹ کر چلتا ہے تو آپؓ مسکرا پڑے۔ لوگوں نے عرض کیا حضرت آپ کیوں مسکرائے؟ آپ نے فرمایا مجھے ان دو بندوں نے

ہنسا دیا۔ ایک کی اللہ تعالیٰ نماز قبول نہیں فرمائیں گے اور دوسرے کی طرف نظر رحمت سے نہیں دیکھیں گے۔

***

۷۸۔ سورۃ النباء

وَّ اَنْزَلْنَا مِنَ الْمُعْصِرٰتِ مَآءً ثَجَّاجًا ﴿۱۴﴾

اور ہم نے برسنے والے بادلوں سے بکثرت پانی برسایا۔

۱۔ سیوطی نے الدر ۳۰۶/۶ میں لکھا ہے امام شافعیؒ سمیت کئی دیگر حضرات نے یہ اثر نقل فرمایا حضرت ابن مسعودؓ نے اس آیت کریمہ کی تفسیر میں فرمایا:

اللہ تعالیٰ ایک بادل کو بھیجتے ہیں وہ آسمان سے پانی لیتا ہے پھر وہ پانی دوسرے بادلوں کے پاس لے کر جاتا ہے پس وہ اس بادل کو پیوند کرتا ہے۔ الثجاج وہ بادل جس کا پانی زور سے برسے پھر اس کو ہوائیں پھیرتی ہیں پس مختلف بارش اترتی ہے۔

اِنَّ جَهَنَّمَ كَانَتْ مِرْصَادًا ﴿۲۱﴾ لِّلطَّاغِيْنَ مَاٰبًا ﴿۲۲﴾ لّٰبِثِيْنَ فِيْهَآ اَحْقَابًا ﴿۲۳﴾

بیشک جہنم گھات کی جگہ ہے سرکشوں کے لیے ٹھکانہ ہے وہ اس میں حقب ہا حقب تک رہیں گے۔

۲۔ علامہ بغوی نے معالم ۱۶۷/۷ میں لکھا ہے حضرت ابن مسعودؓ نے فرمایا جہنمیوں کو اگر پتہ چل جائے کہ وہ جہنم میں اتنی مدت رہیں گے جتنی دنیا میں کنکریاں ہیں تو وہ خوشی سے پھولے

نہ سمائیں اور اگر اہل جنت کو معلوم ہو جائے کہ انہوں نے جنت میں اتنا ہی ٹھہرنا ہے جتنی دنیا میں کنکریاں ہیں تو وہ مغموم ہو جائیں۔

ا۔ حاکم نے مستدرک ۲/۵۱۲ میں لکھا ہے حضرت ابن مسعودؓ نے اس آیت مبارکہ کی تفسیر میں فرمایا:

حقب اسی سال کی مدت کو کہتے ہیں۔

یَوْمَ یَقُوْمُ الرُّوْحُ وَ الْمَلٰٓئِكَةُ صَفًّا ۙۤۖ .... ﴿۳۸﴾

جس دن روح اور ملائکہ صف بستہ ہوں گے۔

ا۔ طبری نے جامع ۳۰/۱۵ میں تحریر کیا ہے حضرت ابن مسعودؓ نے فرمایا روح چوتھے آسمان میں رہنے والا ایک فرشتہ ہے۔ وہ آسمانوں، پہاڑوں اور تمام فرشتوں سے بڑا ہے۔ وہ ہر روز بارہ ہزار مرتبہ اللہ تعالیٰ کی تسبیح کرتا ہے۔ اللہ تعالیٰ اس کی ہر ایک تسبیح سے ایک فرشتہ پیدا فرماتے ہیں۔ یہ قیامت کے دن اکیلا ایک صف میں کھڑا ہوگا۔

***

۷۹۔ سورۃ النازعات

وَ النّٰزِعٰتِ غَرْقًاۙ(۱) وَّ النّٰشِطٰتِ نَشْطًاۙ(۲) وَّ السّٰبِحٰتِ سَبْحًاۙ(۳)

قسم ہے ان فرشتوں کی جو نہایت سختی سے کھینچنے والے ہیں اور قسم ہے ان فرشتوں کی جو نرمی سے روح نکالنے والے ہیں اور قسم ہے ان فرشتوں کی جو تیرتے پھرتے ہیں۔

۱۔ طبری نے جامع ۳۰/۱۸۸ میں لکھا ہے حضرت ابن مسعودؓ نے والنازعات غرقا کی تفسیر یوں فرمائی کہ یہ فرشتے ہیں۔

۲۔ قرطبی نے احکام ۱۹/۱۸۸ میں لکھا حضرت ابن مسعودؓ نے فرمایا:

مراد کافروں کی روحیں ہیں موت کا فرشتہ انہیں کافروں کے جسموں سے کھینچتا ہے۔ ہر بال کے نیچے سے ہر ناخن کے نیچے سے اور قدموں کی جڑوں سے جیسے گرم سلاخوں کو گیلی اون سے کھینچتے ہیں پھر ان کو جسم میں واپس کرتے پھر اس کو کھینچتے ہیں یہ کفار سے سلوک ہوتا ہے۔

۳۔ ابن کثیر نے اپنی تفسیر ۸/۳۳۵ میں لکھا ہے حضرت ابن مسعودؓ نے والسابحات سبحا کی تفسیر میں یہ فرمایا یہ فرشتے ہیں۔

فَالسّٰبِقٰتِ سَبْقًا ﴿۴﴾

پھر ان فرشتوں کی جو دوڑ کر آگے بڑھتے ہیں۔

ا۔ علامہ بغوی نے معالم ۷/۱۷۰ میں لکھا ہے حضرت ابن مسعودؓ نے فرمایا یہ مومن بندوں کی روحیں ہیں جو اللہ تعالیٰ کی ملاقات کے شوق میں خود بخود فرشتوں کی طرف دوڑی اور لپکتی چلی آتی ہیں کیونکہ وہ خوشی دیکھ چکی ہوتی ہیں۔

وَ اَمَّا مَنْ خَافَ مَقَامَ رَبِّهٖ وَ نَهَى النَّفْسَ عَنِ الْهَوٰى ﴿۴۰﴾ فَاِنَّ الْجَنَّةَ هِیَ الْمَاْوٰى ﴿۴۱﴾

اور پھر وہ شخص جو اپنے رب کے مقام سے ڈرا اور نفس کی خواہش سے روک لیا پس جنت اس کا ٹھکانا ہے۔

ا۔ قرطبی نے احکام ۱۹/۲۰۶ میں لکھا ہے حضرت ابن مسعودؓ نے فرمایا:

تم ایسے زمانے میں ہو کہ حق خواہش کی قیادت کر رہا ہے اور عنقریب ایسا زمانہ آئے گا کہ خواہش حق کی قیادت کرنے لگے گی۔ ہم اس زمانے سے اللہ کی پناہ مانگتے ہیں۔

***

۸۰۔ سورۃ عبس

۸۱۔ سورۃ التکویر

وَ اِذَا الْمَوْءٗدَةُ سُئِلَتْ ﴿۸﴾ بِاَيِّ ذَنْۢبٍ قُتِلَتْ ﴿۹﴾

جب زندہ درگور کی ہوئی بچی سے سوال ہوگا کہ تم کو کس گناہ میں قتل کیا گیا۔

ا۔ امام ابوداوٗدؒ نے اپنی سنن ۲/۱۷۸ میں لکھا ہے حضرت عامر فرماتے ہیں رحمت کائنات صلی اللہ علیہ وآلہٖ وسلم نے فرمایا:

زندہ درگور کرنے والی اور زندہ درگور ہونے والی جہنم میں جائے گی۔

حضرت ابن مسعودؓ نے بھی آپ صلی اللہ علیہ وآلہٖ وسلم سے یہ حدیث روایت فرمائی ہے۔

فَلَآ اُقْسِمُ بِالْخُنَّسِ ﴿۱۵﴾ الْجَوَارِ الْكُنَّسِ ﴿۱۶﴾

میں ان ستاروں کی قسم اٹھاتا ہوں جو ایک سمت کو چلتے چلتے پیچھے ہٹنے لگتے ہیں اور پیچھے ہٹتے چلے جاتے ہیں۔

ا۔ طبری نے جامع ۴۸/۳۰ میں لکھا ہے حضرت ابن مسعودؓ نے الجوار الکنس کی تفسیر میں فرمایا یہ جنگلی گائے ہے۔

وَ مَا هُوَ عَلَى الْغَيْبِ بِضَنِيْنٍ ﴿٢٤﴾

وہ محمد (صلی اللہ علیہ وآلہ وسلم) پوشیدہ باتوں کے بتانے میں بخیل بھی نہیں۔

ا۔ سیوطی نے الدر ۶/۳۲۲ میں لکھا ہے حضرت ابن مسعودؓ نے یہ آیت مبارکہ تلاوت فرمائی اور ارشاد فرمایا:

نہ اسے اس چیز کے بارے میں موردالزام ٹھہرایا جا سکتا ہے جو وہ لے کر آیا اور نہ وہ اس کے حوالے سے بخیل ہے جو اسے عطا کیا گیا۔

***

۸۲۔ سورۃ الانفطار

عَلِمَتْ نَفْسٌ مَّا قَدَّمَتْ وَ اَخَّرَتْؕ﴿۵﴾

اور ہر نفس جان لے گا جو اس نے آگے بھیجا اور جو پیچھے چھوڑا۔

ا۔ سیوطی نے الدر ۶/۳۲۲ یں لکھا ہے حضرت ابن مسعودؓ نے اس آیت مبارکہ کی تفسیر میں فرمایا:

جو کچھ آگے بھیجا سے مراد نیک اعمال ہیں اور جو پیچھے رکھا سے مراد وہ اچھا طریقہ ہے. جس پر اس کے بعد عمل کیا جائے گا۔ اس کو بھی اتنا ہی اجر ملے گا جتنا اس طریقہ پر عمل کرنے والے کو ملے گا بغیر اس کے کہ ان کے اجر میں سے کچھ کم ہو۔ یا اس سے مراد وہ برا طریقہ ہے. جس پر اس کے بعد عمل کیا جائے گا تو اسے بھی اتنا ہی گناہ ہو گا جتنا اس طریقہ پر عمل کرنے والوں کو ہو گا بغیر اس کے کہ ان کے گناہوں سے کچھ کم کیا جائے۔

***

۸۳۔ سورۃ المطففین

ا۔ ابن جوزی نے زاد ۹/۵۱ میں لکھا ہے یہ سورۃ مکی ہے اور حضرت ابن مسعودؓ اور حضرت ضحاک وغیرہ کا یہی ارشاد ہے۔

وَيْلٌ لِّلْمُطَفِّفِيْنَ ۝۱ الَّذِيْنَ اِذَا اكْتَالُوْا عَلَى النَّاسِ يَسْتَوْفُوْنَ ۝۲ وَ اِذَا كَالُوْهُمْ
اَوْ وَّ زَنُوْهُمْ يُخْسِرُوْنَ ۝۳ اَلَا يَظُنُّ اُولٰٓئِكَ اَنَّهُمْ مَّبْعُوْثُوْنَ ۝۴ لِيَوْمٍ عَظِيْمٍ ۝۵
يَّوْمَ يَقُوْمُ النَّاسُ لِرَبِّ الْعٰلَمِيْنَ ۝۶

اور بڑی خرابی ہے ماپ تول میں کمی کرنے والوں کی جب وہ لوگوں سے پیمانہ ناپ کرلیں تو پیمانہ پورا بھرلیں اور جب لوگوں کو پیمانہ سے ناپ کردیں یا تول کردیں تو وہ کم کرتے ہیں کیاان لوگوں کواس کا یقین نہیں کہ ان کواس دن میں دوبواہ زندہ کیا جائے گا وہ بڑا سخت دن ہے.جس دن لوگ رب العالمین کے سامنے کھڑے ہوں گے۔

ا۔ طبری نے جامع ۳۰/۵۷-۵۸ میں لکھا ہے کسی بندے نے حضرت ابن مسعودؓ سے پوچھا اے ابوعبدالرحمن !اہل مدینہ ناپ تول پورا پورا کرتے ہیں؟ آپؓ نے فرمایا انہیں ناپ تول پورا پورا کرنے سے کس نے روکا ہے۔ اللہ تعالیٰ نے جو فرمادیا :

ویل للمطففین ---- یوم یقوم الناس لرب العلمین۔

۲۔ طبری نے جامع ۳۰/۵۹ میں لکھا ہے حضرت ابن مسعودؓ نے اس آیت کریمہ یوم یقوم الناس لرب العلمین کی تفسیر میں فرمایا:

(قیامت کے دن) لوگ چالیس سال تک سر آسمان کی طرف اٹھائے کھڑے رہیں گے ان سے کوئی بات نہیں کرے گا۔ ہر نیک و بد پسینے میں غرق ہوگا۔ پھر کوئی پکارنے والا صدا لگائے گا کیا یہ تمہارے اس پروردگار کی طرف سے انصاف نہیں ہوگا جس نے تمہیں پیدا کیا پھر شکلیں عطا فرمائیں پھر تمہیں رزق عطا فرمایا پھر تم نے اس کے غیر کو اپنا سب کچھ سونپ دیا کہ تم میں سے ہر ایک کو اسی کے سپرد کردے جس کے سپرد اس نے خود کو دنیا میں کیا ہوا تھا؟ لوگ کہیں گے کیوں نہیں۔

يُسْقَوْنَ مِنْ رَّحِيْقٍ مَّخْتُوْمٍ ﴿۲۵﴾ خِتٰمُهٗ مِسْكٌ ۚ وَ فِيْ ذٰلِكَ فَلْيَتَنَافَسِ الْمُتَنَافِسُوْنَ ﴿۲۶﴾

ان کو خالص مہر شدہ شراب پلایا جائے گا جس کی مہر کستوری کی ہوگی۔

۱۔ طبری نے جامع ۳۰/۶۷ میں لکھا ہے حضرت ابن مسعودؓ نے فرمایا رحیق شراب کو کہتے ہیں۔

۲۔ طبری نے ۳۰/۶۷ میں لکھا ہے حضرت ابن مسعودؓ نے فرمایا مختوم کا معنی ہے ملایا ہوا، اور ختامہ کا معنی ہے اس کا ذائقہ اور اس کی خوشبو۔

۳۔ طبری نے جامع ۳۰/۶۷ میں لکھا ہے حضرت ابن مسعودؓ نے فرمایا ختامہ کا معنی یہ نہیں کہ مہر ہوگی بلکہ مطلب یہ ہے کہ اس کی ملاوٹ کی جائے گی۔

وَ مِزَاجُهٗ مِنْ تَسْنِيْمٍ ﴿٢٧﴾ عَيْنًا يَّشْرَبُ بِهَا الْمُقَرَّبُوْنَ ﴿٢٨﴾

اور اس میں تسنیم کی ملاوٹ ہوگی وہ ایک چشمہ ہے جس سے مقربین پیئیں گے۔

۱۔ طبری نے جامع ۳۰/۶۹ میں لکھا ہے حضرت ابن مسعودؓ نے فرمایا تسنیم جنت میں ایک چشمہ ہے اصحاب یمین کے لیے اس کی ملاوٹ کی جائے گی اور مقرب لوگ اس کا پانی پیئیں گے۔

***

۸۴۔ سورۃ الانشقاق

وَ اِذَا الْاَرْضُ مُدَّتْ ﴿۳﴾

اور جب زمین کو کھینچ دیا جائے گا۔

ا۔ قرطبی نے احکام ۱۹/۲۱۸ میں لکھا ہے حضرت ابن مسعودؓ نے ارشاد فرمایا:

زمین اتنی وسیع کر دی جائے گی تاکہ مخلوق حساب کے لیے اس پر کھڑی ہو سکے پھر بھی مخلوق کی کثرت کی وجہ سے ہر بندے کو صرف قدم رکھنے کی جگہ ملے گی۔

فَلَآ اُقْسِمُ بِالشَّفَقِ ﴿۱۶﴾

پس میں شفق کی قسم کھاتا ہوں۔

ا۔ ابن جوزی نے زاد ۶۵-۹/۶۶ میں لکھا ہے حضرت ابن عمرؓ نے رحمت کائنات صلی اللہ علیہ وآلہ وسلم سے روایت فرمائی کہ آپؐ نے فرمایا:

شفق سرخی کو کہتے ہیں۔

حضرت عمر اور حضرت ابن مسعودؓ وغیرہ کا بھی یہی ارشاد ہے۔

لَتَرۡكَبُنَّ طَبَقًا عَنۡ طَبَقٍ ﴿١٩﴾

تم کوایک حالت کے بعد دوسری حالت میں پہنچنا ہے۔

۱۔ طبری نے جامع ۷۹/۳۰ میں لکھا ہے حضرت ابن مسعودؓ نے اسے زبر کے ساتھ یوں پڑھا لترکبَن اور فرمایا یہ آسمان ہے۔

۲۔ طبری نے جامع ۷۶/۳۰ میں لکھا ہے حضرت ابن مسعودؓ نے فرمایا آسمان کے اوپر آسمان ہے۔

۳۔ طبری نے جامع ۷۹/۳۰ میں لکھا ہے حضرت ابن مسعودؓ نے اسے یوں پڑھالترکبن طبقا عن طبق اور فرمایا یہ آسمان ہے جس کی ایک کے بعد ایک حالت ہوگی اور ایک کے بعد ایک درجہ ہوگا۔

۴۔ طبری نے جامع ۷۹-۸۰/۳۰ میں لکھا ہے حضرت ابن مسعودؓ نے فرمایا یہ آسمان جو ایک کے بعد ایک رنگ بدلے گا۔

***

۸۵۔ سورۃ البروج

اِنَّ بَطْشَ رَبِّكَ لَشَدِيْدٌ ﴿١٢﴾

بیشک تیرے رب کی پکڑ بڑی سخت ہے۔

۱۔ حاکم نے مستدرک ۲/۵۱۹ میں لکھا ہے حضرت ابن مسعودؓ نے فرمایا والسماء ذات البروج (البروج/۱) سے جو قسم ہے اس کا جواب قسم ان بطش ربک لشدید سے آخر سورۃ تک ہے۔

***

۸۶۔ سورۃ الطارق

۸۷۔ سورۃ الاعلیٰ

ا۔ ابن کثیرؒ نے اپنی تفسیر ۸/۴۰۰ میں فرمایا روایت ہے کہ رسالت مآب صلی اللہ علیہ وآلہ وسلم وتر میں یہ سورتیں تلاوت فرماتے تھے سبح اسم ربک الاعلی (الاعلی) قل یا ایھا الکافرون (الکافرون) قل ھو اللہ احد (الاخلاص)۔

یہ حدیث مبارکہ حضرت جابر اور حضرت ابن مسعودؓ سے بھی یوں ہی مروی ہے۔

سَبِّحِ اسْمَ رَبِّكَ الْأَعْلَى ﴿١﴾

تم تسبیح کرو اپنے رب اعلیٰ کے نام کی۔

ا۔ قرطبی نے احکام ۲۰/۱۴ میں لکھا ہے روایت ہے کہ حضرت علی المرتضیٰؓ اور حضرت ابن مسعودؓ وغیرہ جب اس سورت کی تلاوت شروع فرماتے تو سبحان ربی الاعلی کہتے تاکہ اس کی ابتدا میں ہی اللہ تعالیٰ کے حکم کی تعمیل ہو جائے۔

وَ نُيَسِّرُكَ لِلْيُسْرٰى ۚ ﴿۸﴾

اور آپ کو دین کے لیے آسانیاں بہم پہنچائیں گے۔

ا۔ امام رازی نے مفاتیح ۱۱/۱۴۱۸ میں لکھا ہے حضرت ابن مسعودؓ نے فرمایا الیسری جنت ہے۔

قَدْ اَفْلَحَ مَنْ تَزَكّٰى ﴿۱۴﴾ وَ ذَكَرَ اسْمَ رَبِّهٖ فَصَلّٰى ﴿۱۵﴾

یقیناً وہ کامیاب ہوا جس نے اپنے آپ کو پاک کیا اور اپنے رب کا نام لے کر نماز ادا کی۔

ا۔ سیوطی نے الدر ۶/۳۴۰ میں لکھا ہے حضرت ابن مسعودؓ نے فرمایا جب کوئی نماز ادا کرنے نکلے تو اس پر لازم نہیں کہ وہ کچھ صدقہ کرے کیونکہ فرمان الٰہی ہے قدافلح من تزکی، وذکراسم ربہ فصلی۔

۲۔ علامہ بغوی نے معالم ۷/۱۹۶ میں لکھا ہے حضرت ابن مسعودؓ فرمایا کرتے تھے اللہ تعالیٰ رحم فرمائے اس پر جو صدقہ دے پھر نماز پڑھے۔ اس کے بعد آپؓ یہ آیت مبارکہ تلاوت فرماتے۔

۳۔ قرطبی نے احکام ۲۰/۲۳ میں لکھا ہے حضرت ابن مسعودؓ نے فرمایا جس نے نماز کو قائم کیا مگر زکوٰۃ ادا نہ کی تو اس کی نماز بھی کوئی نہیں۔

بَلْ تُؤْثِرُوْنَ الْحَیٰوةَ الدُّنْیَا ﴿۱۶﴾ وَ الْاٰخِرَةُ خَیْرٌ وَّ اَبْقٰی ﴿۱۷﴾

بلکہ تم دنیا کی زندگی کو ترجیح دیتے ہو حالانکہ آخرت بہت بہتر اور باقی رہنے والی ہے۔

۱۔ طبری نے جامع ۱۰۰/۳۰ میں لکھا ہے عرفجہ الثقفی کہتے ہیں میں حضرت ابن مسعودؓ سے سبح اسم ربک الاعلی کی تلاوت کی درخواست کی۔ جب آپؓ بل توثرون الحیوۃ الدنیا پر پہنچے تو قرات چھوڑ کر اپنے ساتھیوں کی طرف توجہ فرمائی اور پوچھا کیا ہم نے دنیا کو آخرت پر ترجیح دے لی ہے؟ لوگ خاموش رہے تو آپ صلی اللہ علیہ وآلہ وسلم نے فرمایا ہم نے دنیا کو اس لیے ترجیح دی کیونکہ ہم نے اس دنیا کی خوبصورتی، اس کی عورتوں اور کھانے پینے کو دیکھ جو لیا ہے جبکہ آخرت ہم سے پوشیدہ کر دی گئی ہے پس ہم نے اس نقد کو پسند کر لیا اور اس ادھار کو چھوڑ دیا۔

***

۸۸۔ سورۃ الغاشیۃ

وُجُوْهٌ يَّوْمَئِذٍ خَاشِعَةٌ ﴿۲﴾ عَامِلَةٌ نَّاصِبَةٌ ﴿۳﴾ تَصْلٰى نَارًا حَامِيَةً ﴿۴﴾

بعض چہرے اس دن جھکے ہوں گے کام کر کے تھک چکے ہوں وہ بھڑکتی آگ میں داخل ہوں گے۔

۱۔ علامہ بغوی نے معالم ۱۹۸/۷ میں لکھا ہے حضرت ابن مسعودؓ نے فرمایا یہ آگ میں ایسے گھس جائیں گے جیسے اونٹ کیچڑ میں گھس جاتا ہے۔

***

۸۹۔ سورۃ الفجر

وَ الْفَجْرِ ۝۱ وَ لَيَالٍ عَشْرٍ ۝۲ وَّ الشَّفْعِ وَ الْوَتْرِ ۝۳ وَ الَّيْلِ اِذَا يَسْرِ ۝۴

اور قسم ہے فجر کی اور دس راتوں کی اور جفت اور طاق کی اور قسم ہے رات کی جب وہ رخصت ہونے لگے۔

ا۔ سیوطی نے الدر، ۳۴۷/۶ میں لکھا ہے حضرت ابن مسعودؓ نے والفجر سے اذا یسر تک تلاوت فرمائی اور ارشاد فرمایا یہ قسم ہے، ان ربک لبا لمرصاد جواب قسم ہے۔

وَ فِرْعَوْنَ ذِی الْاَوْتَادِ ۝۱۰ الَّذِيْنَ طَغَوْا فِی الْبِلَادِ ۝۱۱

اور فرعون میخوں والا وہ لوگ جنہوں نے علاقوں میں سرکشی کی۔

ا۔ حاکم نے مستدرک ۵۲۲-۵۲۳/۲ میں لکھا ہے حضرت ابن مسعودؓ نے اس آیت کریمہ کی تفسیر میں فرمایا:

فرعون نے اپنی بیوی میں چار میخیں ٹھونکیں پھر اس کی پشت پر ایک بہت بڑی چکی رکھوادی جس سے وہ شہید ہوگئی۔

اِنَّ رَبَّكَ لَبِالْمِرْصَادِ ﴿۱۴﴾

بیشک تیرا رب البتہ گھات میں ہے۔

۱-حاکم نے مستدرک ۲/۵۳۳ میں لکھا ہے حضرت ابن مسعودؓ نے فرمایاوالفجر، ان ربک لبالمرصاد کے لیے قسم ہے۔

پل صراط کے بعد تین پل ہیں۔ ایک پل پر امانت ہے۔ ایک پل پر رشتہ داری ہے اور ایک پل پر اللہ رب العزت ہے۔

وَ جِایْٓءَ یَوْمَئِذٍۭ بِجَهَنَّمَ ۙ .... ﴿۲۳﴾

اور اس دن جہنم کو لایا جائے گا۔

۱۔ امام مسلمؒ نے اپنی صحیح ۴/۲۱۸۴ میں یہ روایت درج فرمائی ہے حضرت ابن مسعودؓ فرماتے ہیں: رحمت کائنات صلی اللہ علیہ وآلہ وسلم نے فرمایا:

اس روز جہنم لائی جائے گی۔ اس کی ستر ہزار لگامیں ہوں گی۔ ہر ایک لگام کے ساتھ ستر ہزار فرشتے ہوں گے جو اسے کھینچ رہے ہوں گے۔

***

۹۰۔ سورۃ البلد

لَقَدْ خَلَقْنَا الْاِنْسَانَ فِيْ كَبَدٍ ﴿۴﴾

یقیناً انسان کو مشقت میں پیدا کیا۔

ا۔ امام ابن کثیر نے اپنی تفسیر ۸/۲۵ میں لکھا ہے حضرت ابن مسعودؓ اور حضرت ابن عباسؓ نے فرمایا النجدین سے مراد بھلائی اور برائی ہے۔

***

۹۱۔ سورۃ الشمس

۹۲۔ سورۃ اللیل

ا۔ قرطبی نے احکام ۲۰/۹۰ میں لکھا ہے یہ سورۃ حضرت ابو بکر صدیقؓ کے بارے میں نازل ہوئی۔

حضرت ابن مسعودؓ اور حضرت ابن عباسؓ سے یہی بات مروی ہے۔

وَ الَّيْلِ اِذَا يَغْشٰى ﴿١﴾ وَ النَّهَارِ اِذَا تَجَلّٰى ﴿٢﴾ وَ مَا خَلَقَ الذَّكَرَ وَ الْاُنْثٰۤى ﴿٣﴾ اِنَّ سَعْيَكُمْ لَشَتّٰى ﴿٤﴾

اور قسم ہے رات کی جب وہ چھا جائے اور دن کی جب وہ خوب روشن ہو جائے اور اس ذات کی قسم جس نے نر و مادہ بنائے بیشک تمہاری کوشش مختلف ہے۔

ا۔ علامہ واحدی نے اسباب ۴۸۶ میں لکھا ہے حضرت ابن مسعودؓ نے فرمایا:

حضرت ابو بکر صدیقؓ نے حضرت بلال کو امیہ بن خلف سے ایک چادر اور دس اوقیہ سونے کے بدلے میں خرید کر آزاد فرما دیا تو اللہ تبارک و تعالی نے واللیل اذا یغشی سے ان سعیکم

لشتی تک آیات نازل فرمائیں۔ کوشش سے مراد حضرت ابو بکر صدیقؓ اور امیہ بن خلف کی کوشش ہے۔

فَاَمَّا مَنْ اَعْطٰی وَ اتَّقٰی ﴿۵﴾

اور پھر وہ شخص جس نے دیا اور تقوی اختیار کیا۔

ا۔ ابن جوزی نے زاد ۹/۱۴۸ میں لکھا ہے حضرت ابن مسعودؓ نے فرمایا اس آیت مبارکہ کے مصداق حضرت ابو بکرؓ ہیں۔

وَ اَمَّا مَنْ بَخِلَ وَ اسْتَغْنٰی ﴿۸﴾ وَ كَذَّبَ بِالْحُسْنٰی ﴿۹﴾ وَ كَذَّبَ بِالْحُسْنٰی ﴿۹﴾ فَسَنُیَسِّرُهٗ لِلْعُسْرٰی ﴿۱۰﴾

اور پھر جس شخص نے بخل کیا اور بے پروائی اختیار کی اور جھٹلایا اچھائی کو ہم تکلیف دہ چیز کا سامان اس کو مہیا کر دیں گے۔

ا۔ سیوطی نے الدر ۶/۳۵۸ میں لکھا ہے حضرت ابن مسعودؓ نے فرمایا وکذب بالحسنی سے مراد لا الہ الا اللہ ہے اور فسنیسرہ للعسری سے مراد جہنم ہے۔

* * *

۹۳۔ سورۃ الضحیٰ

وَ لَلْاٰخِرَةُ خَيْرٌ لَّكَ مِنَ الْاُوْلٰىؕ ﴿۴﴾ وَ لَسَوْفَ يُعْطِيْكَ رَبُّكَ فَتَرْضٰىؕ ﴿۵﴾

اور پچھلی زندگی تمہارے لیے پہلی سے بہتر ہے اور عنقریب تم کو تمہارا رب دے گا پس تم راضی ہو جاؤ گے۔

ا۔ ابن کثیرؒ نے اپنی تفسیر ۸/۴۸ میں لکھا ہے حضرت ابن مسعودؓ فرماتے ہیں خاتم الانبیاء صلی اللہ علیہ وآلہ وسلم نے فرمایا:

ہم گھر کے لوگ ہیں۔ اللہ تعالیٰ نے ہمارے لیے دنیا کے مقابلہ میں آخرت پسند فرمائی ہے۔ولسوف یعطیک ربک فترضی۔

***

۹۴۔ سورۃ الم نشرح

فَاِنَّ مَعَ الْعُسْرِ يُسْرًا ۝٥ اِنَّ مَعَ الْعُسْرِ يُسْرًا ۝٦

پس بیشک تنگی کے ساتھ آسانی ہے بیشک تنگی کے ساتھ آسانی ہے۔

ا۔ طبری نے جامع ۱۵۱/۳۰ میں لکھا ہے حضرت ابن مسعودؓ نے فرمایا مشکل اگر کسی بل میں گھس جائے گی تو آسانی وہاں بھی چلی آئے گی کیونکہ اللہ تعالیٰ کا فرمان ہے:

فان مع العسر یسرا، ان مع العسر یسرا۔

۲۔ ابن جوزیؒ نے زاد ۱۶۴/۹ میں لکھا ہے حضرت ابن مسعودؓ اور حضرت ابن عباسؓ نے فرمایا:

ایک مشکل کبھی بھی دو آسانیوں پر غالب نہیں آئے گی۔

فَاِذَا فَرَغْتَ فَانْصَبْ ۝٧ وَ اِلٰى رَبِّكَ فَارْغَبْ ۝٨

پس جب تم فارغ ہو تو مشقت اٹھاؤ اور اپنے رب کی طرف رغبت کرو۔

ا۔ علامہ بغوی نے معالم ۲۲۰/۷ میں لکھا ہے حضرت ابن مسعودؓ نے فرمایا آپ جب فرائض سے فارغ ہو جائیں تو تہجد میں محنت لگائیے۔

۲۔ سیوطی نے الدر ۶/۳۶۵ میں لکھا ہے حضرت ابن مسعودؓ نے فرمایا جب آپ فارغ ہوں تو دعا کی طرف متوجہ ہو جائیں اور اپنے پروردگار سے مانگنے میں وقت لگائیے۔

۳۔ سیوطی نے الدر ۶/۳۶۵ میں لکھا ہے حضرت ابن مسعودؓ فرمایا کرتے تھے جس بندے کو نماز کے آخر میں حدث لاحق ہو جائے اس کی نماز مکمل ہے کیونکہ اللہ تعالیٰ نے فرمایا ہے فاذافرغت فانصب۔ فراغت کا معنی یہ ہے کہ رکوع و سجود سے فارغ ہو جائیں۔ والی ربک فارغب کا مطلب ہے جب بیٹھ جاؤ تو دعا میں دل لگاؤ۔

ابن حجرؒ نے کافی ۱۸۶ میں لکھا ہے حضرت ابن مسعودؓ نے فرمایا بلاشبہ مجھے اس بندے پر بڑا غصہ آتا ہے جو فارغ ہے نہ دنیا کے کسی دھندے میں لگا ہے نہ آخرت کے کسی عمل میں مصروف ہے۔

***

۹۵۔ سورۃ التین

۹۶۔ سورۃ العلق

كَلَّآ اِنَّ الْاِنْسَانَ لَيَطْغٰٓى ﴿٦﴾ اَنْ رَّاٰهُ اسْتَغْنٰى ﴿٧﴾

ہر گز نہیں بیشک انسان سرکشی اختیار کرتا ہے جبکہ اپنے کو مالدار پاتا ہے۔

ا۔ ابن کثیرؒ نے اپنی تفسیر ۸/۵۹ میں لکھا ہے حضرت ابن مسعودؓ نے فرمایا:

دو بھوکے کبھی سیر نہیں ہوتے۔ ایک علم کی طلب والا اور ایک دنیا کی بھوک والا۔ یہ دونوں برابر نہیں ہیں۔ علم والا تو رحمن کی خوشنودی میں اضافہ کرتا ہے اور دنیا کی بھوک والا سرکشی میں بڑھتا چلا جاتا ہے۔ اس کے بعد آپؓ نے یہ آیات تلاوت فرمائیں:

ان الانسان لیطغی، ان راہ استغنی اور دوسرے صاحب کے لیے اللہ تعالیٰ نے فرمایا ہے انما یخشی اللہ من عبادہ العلماء (فاطر/۲۸)

***

۹۷۔ سورۃ القدر

اِنَّآ اَنۡزَلۡنٰهُ فِیۡ لَیۡلَةِ الۡقَدۡرِ ﴿۱﴾ وَ مَآ اَدۡرٰىكَ مَا لَیۡلَةُ الۡقَدۡرِ ﴿۲﴾

بیشک ہم نے اس کو منزلت والی رات میں اتارا اور تمہیں کیا معلوم کہ وہ لیلۃ القدر کیا ہے۔

ا۔ امام احمد بن حنبلؒ نے اپنی مسند ۳۲۹/۳۲۸ میں یہ روایت درج فرمائی ہے حضرت ابو عقرب کہتے ہیں میں رمضان مبارک کی ایک صبح حضرت ابن مسعودؓ کی خدمت میں حاضر ہوا۔ آپؓ اپنے گھر کی چھت پر تشریف فرما تھے۔ ہم نے آپ کی آواز سنی۔ آپ فرما رہے تھے اللہ تعالیٰ نے سچ فرمایا اور اس کے پیغمبر ﷺ نے پہنچا دیا، ہم نے عرض کیا کہ ہم نے سنا آپ یوں فرما رہے تھے صدق الله وبلغ رسوله تو حضرت ابن مسعودؓ نے فرمایا کہ پیغمبر خدا ﷺ نے ارشاد فرمایا تھا شب قدر رمضان المبارک کے آخری سات دنوں کے نصف میں ہوتی ہے۔ اس رات کی صبح کا سورج بالکل صاف ہوتا ہے اس کی کرنیں نہیں ہوتیں۔ میں نے اس سورج کو دیکھا تو بالکل ویسا ہی پایا جیسا کہ رحمت کائنات ﷺ نے فرمایا ہے۔

۲۔ امام ابوداؤدؒ نے اپنی سنن ۱۳۹/ ا میں لکھا ہے حضرت ابن مسعودؓ فرماتے ہیں حبیب خدا ﷺ نے ہم سے فرمایا:

شب قدر، رمضان المبارک کی سترھویں، اکیسویں اور تیئسویں رات میں تلاش کرو، اس کے بعد آپ صلی اللہ علیہ وآلہ وسلم نے خاموشی اختیار فرمائی۔

۳۔ حاکم نے مستدرک ۳/۲۱ میں لکھا ہے حضرت ابن مسعودؓ نے فرمایا:

تم لیلۃ القدر کو بدر کے دن انیسویں کی صبح کو تلاش کرو وہ یوم الفرقان ہے جب دو لشکر آپس میں لڑے۔ یوم الفرقان یوم التقى الجمعان (انفال/۱)

۴۔ امام ابوداوٗدؒ نے اپنی سنن ۱۳۸/۱ میں لکھا ہے حضرت زر فرماتے ہیں میں نے حضرت ابی بن کعبؓ سے عرض کیا اے ابوالمنذر! مجھے شب قدر کے بارے میں بتائیے کیونکہ ہمارے ایک ساتھی سے پوچھا گیا تو انہوں نے کہا جو بندہ پورا سال قیام کرے وہ شب قدر پالے گا تو حضرت ابی بن کعبؓ نے فرمایا:

اللہ تعالیٰ ابوعبدالرحمن (حضرت ابن مسعودؓ) پر رحم فرمائے انہیں معلوم تھا کہ وہ رمضان المبارک میں ہوتی ہے۔

حضرت مسدد نے اس میں یہ اضافہ کیا لیکن آپؓ ناپسند فرماتے تھے کہ لوگ اس پر قناعت کر کے بیٹھ جائیں اور یہ پسند فرماتے تھے کہ لوگ قناعت کر کے نہ بیٹھیں۔

۵۔ سیوطی نے الدر ۳۷۲/۶ میں لکھا ہے حضرت ابن مسعودؓ فرماتے ہیں: سرور کائنات صلی اللہ علیہ وآلہ وسلم سے شب قدر کے متعلق پوچھا گیا تو آپؐ نے فرمایا:

پہلے مجھے اس کے بارے بتا دیا گیا تھا پھر مجھے بھلا دی گئی۔ یہ ہے رمضان میں ہی۔ اسے رمضان المبارک کی آخری نو یا آخری سات یا آخری تین راتوں میں ڈھونڈو۔ اس کی نشانی یہ ہے کہ اس کی صبح کا سورج یوں طلوع ہوتا ہے کہ اس کی کرن کوئی نہیں ہوتی۔

اور جس نے سال بھر قیام کیا وہ تو اس پر پہنچ ہی جائے گا۔

لَيْلَةُ الْقَدْرِ ۙ خَيْرٌ مِّنْ اَلْفِ شَهْرٍ ۝ؕ﴿۳﴾

لیلۃ القدر ایک ہزار ماہ سے بہت بہتر ہے۔

ا۔ قرطبی نے احکام ۲۰/۱۳۲ میں لکھا ہے حضرت ابن مسعودؓ فرماتے ہیں بلاشبہ رحمت کائنات ﷺ نے بنی اسرائیل کے ایک آدمی کا تذکرہ فرمایا کہ اس نے راہ خدا میں ایک ہزار مہینے اسلحہ اٹھایا۔

مسلمانوں کو یہ سن کر تعجب ہوا تو انا انزلنا، نازل ہوئی۔

خیر من الف شھر۔ معنی یہ ہے کہ ان ہزار مہینوں سے بہتر ہے جن میں اس نے اللہ کی راہ میں اسلحہ اٹھائے رکھا۔

***

۹۸۔ سورۃ البینہ

۹۹۔ سورۃ الزلزلۃ

ابن جوزی نے زاد ۲۰۱/۹ میں لکھا ہے یہ سورۃ مکی ہے۔ حضرت ابن مسعودؓ اور حضرت جابرؓ اور حضرت عطاء کا یہی ارشاد ہے۔

اِذَا زُلْزِلَتِ الْاَرْضُ زِلْزَالَهَا ﴿۱﴾ وَ اَخْرَجَتِ الْاَرْضُ اَثْقَالَهَا ﴿۲﴾ وَ قَالَ الْاِنْسَانُ مَا لَهَا ﴿۳﴾ يَوْمَئِذٍ تُحَدِّثُ اَخْبَارَهَا ﴿۴﴾ بِاَنَّ رَبَّكَ اَوْحٰى لَهَا ﴿۵﴾

جب زمین کو اس کے زلزلہ سے ہلا دیا جائے گا اور وہ زمین اپنے بوجھ نکال دے گی اور انسان کہے گا اس کو کیا ہو گیا۔ اس دن وہ اپنی خبریں بیان کرے گی۔ اس لیے کہ تیرے رب نے اس کو حکم دیا ہے۔

۱۔ طبری نے جامع ۳۰/۱۷۱ میں لکھا ہے حضرت سعید فرماتے ہیں حضرت ابن مسعودؓ کے زمانہ میں زلزلہ آیا تو آپؓ نے زمین سے فرمایا تجھے کیا ہے؟ اگر یہ بولتی تو قیامت قائم ہو جاتی۔

فَمَنْ يَّعْمَلْ مِثْقَالَ ذَرَّةٍ خَيْرًا يَّرَهٗ ﴿۷﴾ وَ مَنْ يَّعْمَلْ مِثْقَالَ ذَرَّةٍ شَرًّا يَّرَهٗ ﴿۸﴾

جس نے ایک ذرہ کی مقدار نیک عمل کیا ہوگا وہ اس کو پالے گا اور جس نے ذرہ کی مقدار برا عمل کیا ہوگا وہ اس کو پالے گا۔

۱۔ بغوی نے معالم ۲۳/۷، میں لکھا ہے حضرت ابن مسعودؓ نے فرمایا قرآن مجید میں سب سے محکم آیت یہ ہے۔

فمن یعمل مثقال ذرۃ خیرا یرہ، ومن یعمل مثقال ذرۃ شرا یرہ۔

***

۱۰۰۔ سورۃ العادیات

۱۔ ابن جوزی نے زاد ۹/۲۰۶ میں لکھا ہے یہ سورۃ مکی ہے۔

حضرت ابن مسعودؓ اور حضرت جابرؓ وغیرہ کا یہی ارشاد ہے۔

وَ الْعٰدِيٰتِ ضَبْحًا ﴿۱﴾ فَالْمُوْرِيٰتِ قَدْحًا ﴿۲﴾ فَالْمُغِيْرٰتِ صُبْحًا ﴿۳﴾ فَاَثَرْنَ بِهٖ نَقْعًا ﴿۴﴾ فَوَسَطْنَ بِهٖ جَمْعًا ﴿۵﴾

قسم ہے ان گھوڑوں کی جو ہانپتے ہوئے دوڑتے ہیں پھر ان کی جو ٹاپ سے آگ نکالتے ہیں اور قسم ہے ان کی جو صبح سویرے چھاپہ مارتے ہیں۔ اور اس کے غبار اڑاتے اور جماعتوں میں گھس جاتے ہیں۔

۱۔ طبری نے جامع ۳۰/۱۷۶ میں لکھا ہے حضرت ابن مسعودؓ نے فرمایا والعادیات سے مراد اونٹ ہیں جب وہ ہانپ کر سانس لیں۔

۲۔ طبری نے جامع ۳۰/۱۷۸ میں لکھا ہے حضرت ابن مسعودؓ نے فرمایا والعادیات ضبحا حج کے بارے میں ہے۔

۳۔ طبری نے جامع ۸،۷/۳۰ میں لکھا ہے حضرت ابن مسعودؓ نے فالموریات قدحا کی تفسیر میں فرمایا کنکریاں جب اونٹوں کے کھروں سے لگ کر اڑتی ہیں تو آپس میں ٹکرانے کی وجہ سے ان سے آگ نکلتی ہے۔

۴۔ طبری نے جامع ۸،۷/۳۰ میں لکھا ہے حضرت ابن مسعودؓ نے فالمغیرات صبحا کی تفسیر میں فرمایا جب وہ مزدلفہ سے لوٹتے ہیں۔

۵۔ طبری نے جامع ۹،۷/۳۰ میں لکھا ہے حضرت ابن مسعودؓ فاثرن بہ نقعا کی تفسیر میں فرمایا:

جب چلتے ہیں تو گرد اڑاتے ہیں۔

۶۔ طبری نے جامع ۹،۷/۳۰ میں لکھا ہے حضرت ابن مسعودؓ نے فوسطن بہ جمعا کی تفسیر میں فرمایا:

اس سے مراد مزدلفہ ہے۔

***

۱۰۱۔ سورۃ القارعۃ

۱۰۲۔ سورۃ التکاثر

حَتّٰی زُرْتُمُ الْمَقَابِرَ ﴿۲﴾

یہاں تک کہ تم نے قبریں جا دیکھیں۔

۱۔ امام ابن ماجہؒ نے اپنی سنن ۱/۵۰۱ میں لکھا ہے حضرت ابن مسعودؓ فرماتے ہیں امام الانبیاء صلی اللہ علیہ وآلہ وسلم نے فرمایا:

میں نے تمہیں قبروں کی زیارت سے منع کر دیا تھا اب زیارت کر لیا کرو کیونکہ قبروں کی زیارت دنیا سے بے رغبتی اور آخرت کی یاد کا سبب بنتی ہے۔

ثُمَّ كَلَّا سَوْفَ تَعْلَمُوْنَ ﴿۴﴾

پھر تم سے ضرور نعمتوں کے متعلق پوچھا جائے گا۔

۱۔ طبری نے جامع ۱۸/۳۰ میں لکھا ہے حضرت ابن مسعودؓ نے اس آیت کریمہ کی تفسیر میں فرمایا وہ نعمتیں امن اور صحت ہیں۔

۲۔ سیوطی نے الدر ۳۹۰-۶/۳۹۱ میں لکھا ہے کلبی نے کہا:

ابوالقاسم ﷺ اور حضرت ابو بکر اور حضرت عمر فاروق گھر سے نکلے۔ ان سب حضرات نے بیان کیا کہ ہمیں بھوک نے گھر سے نکلنے پر مجبور کیا۔ رحمت کائنات ﷺ اپنے دونوں ساتھیوں کے ہمراہ ابوالھیثم نامی انصاری صحابیؓ کے گھر کو چلے، وہ گھر نہیں تھے، ان کی زوجہ محترمہ نے رحمت مجسم ﷺ اور آپ کے دونوں صحابہ کرامؓ کو خوش آمدید کہا اور ایک بچھونا بچھا دیا۔ یہ تمام حضرات اس پر بیٹھ گئے۔ سرور دوعالم ﷺ نے دریافت فرمایا ابو الھیثم کہاں گئے ہیں۔ ان کی زوجہ نے بتایا وہ ہمارے لیے میٹھا پانی لینے گئے ہیں۔

تھوڑی دیر گزری تھی کہ حضرت ابوالھیثمؓ پانی کی مشک اٹھائے تشریف لے آئے اور اسے لٹکا دیا۔ ایسے لگا جیسے انہوں نے ایک بکری ذبح کرنے کا ارادہ کیا مگر رحمت دوعالم ﷺ نے یہ بات پسند نہ فرمائی، تو انہوں نے بکری کا سال سے کم عمر بچہ ذبح کر لیا۔ پھر جا کے کھجور کے چند گچھے لے آئے۔

ان سب حضرات نے گوشت بھی تناول فرمایا اور خشک و تر کھجوریں بھی اور پانی بھی نوش فرمایا۔

حضرت ابو بکر اور حضرت عمرؓ نے عرض کیا کیا یہ وہ نعمتیں ہیں جن کے متعلق ہم سے پوچھا جائے گا۔ رحمت دوعالم ﷺ نے فرمایا:

ان کے بارے تو کفار سے پوچھ گچھ ہوگی اور مومن کو دنیا میں جو کچھ عطا ہوتا ہے اس کے بارے اس سے کچھ پوچھ نہیں ہوگی اور کفار سے ہوگی۔

راوی حدیث کلبی سے پوچھا گیا کہ یہ حدیث آپ سے کس نے بیان کی ہے تو انہوں نے کہا حضرت شعبی سے حضرت حارث اور ان سے حضرت ابن مسعودؓ نے بیان فرمائی ہے۔

۳۔ سیوطی نے الدر ۳۹۱/۶ میں لکھا ہے حضرت ابن مسعودؓ نے فرمایا قیامت کے دن لوگ تین رجسٹروں کے سامنے پیش ہوں گے۔ ایک رجسٹر میں نیکیاں لکھی ہوں گی، ایک میں نعمتیں، ایک میں برائیاں، نیکیوں والے رجسٹر کا مقابلہ نعمتوں والے رجسٹر سے کیا جائے گا تو نعمتیں نیکیوں کے برابر ہو جائیں گی۔ اور برائیاں بچی رہیں گی۔ ان کا فیصلہ اللہ تعالیٰ کی مشیت پر ہو گا۔ اللہ تعالیٰ اگر چاہیں گے تو سزا دیں گے اور اگر چاہیں گے تو معاف فرما دیں گے۔

***

۱۰۳۔ سورة العصر

۱۰۴۔ سورة الهمزة

۱۰۵۔ سورة الفیل

وَّ اَرْسَلَ عَلَیْہِمْ طَیْرًا اَبَابِیْلَ ۙ﴿۳﴾

پس ان پر پرندے گروہ در گروہ بھیجے۔

۱۔ طبری نے جامع ۱۹/۳۰ میں لکھا ہے حضرت ابن مسعودؓ نے طیرا ابابیل کی تفسیر میں فرمایا ابابیل کا معنی ہے ٹولیاں۔

تَرْمِیْہِمْ بِحِجَارَةٍ مِّنْ سِجِّیْلٍ ۪﴿۴﴾

وہ ان پر کھنگر کے پتھر پھینکتے تھے۔

ا۔ علامہ بغوی نے معالم ۲۶/۷ میں لکھا ہے حضرت ابن مسعودؓ نے فرمایا پرندے آواز لگاتے تھے اور ان کو پتھر مارتے تھے۔ پھر اللہ تعالیٰ نے ایک ہوا بھیجی جس نے ان پتھروں کی شدت میں اور اضافہ کر دیا۔ اب یہ پتھر جسے بھی لگتا اس کے آر پار ہو جاتا اگر کسی کے سر پر لگتا تو اس کی شرمگاہ سے نکلتا۔

***

۱۰۶۔ سورۃ قریش

۱۰۷۔ سورۃ الماعون

فَوَيْلٌ لِّلْمُصَلِّيْنَ ﴿۴﴾ الَّذِيْنَ هُمْ عَنْ صَلَاتِهِمْ سَاهُوْنَ ﴿۵﴾

پس ان نمازیوں کے لیے ہلاکت ہے جو اپنی نماز سے غفلت برتنے والے ہیں۔

۱۔ ابن جوزی نے زاد ۲/۹ میں لکھا ہے حضرت ابن مسعودؓ نے فرمایا بخدا انہوں نے نماز بالکل ترک نہیں کردی تھی اگر ایسا کرتے تو پھر تو کافر ہو جاتے بلکہ انہوں نے نماز کے اوقات کی پابندی چھوڑ دی تھی۔

۲۔ امام احمد بن حنبلؒ نے اپنی مسند ۵/۱۹۰ میں یہ حدیث مبارکہ درج فرمائی ہے۔ حضرت ابن مسعودؓ فرماتے ہیں ایک آدمی رحمت دو عالم ﷺ کی خدمت میں حاضر ہوا اور عرض کیا کہ فلاں بندہ گزشتہ رات نماز ادا کیے بغیر سو گیا۔ رسالت مآب ﷺ نے فرمایا شیطان نے اس کے کان میں یا یوں فرمایا۔۔۔ دونوں کانوں میں پیشاب کیا ہے۔

الَّذِيْنَ هُمْ يُرَآءُوْنَۙ ﴿۶﴾ وَ يَمْنَعُوْنَ الْمَاعُوْنَ ﴿۷﴾

وہ جو کہ دکھاوا کرتے ہیں اور معمولی چیز کو بھی روکتے ہیں۔

۱۔ طبری نے جامع ۲۰۴/۳۰ میں لکھا ہے حضرت ابو عبیدین نے حضرت ابن مسعودؓ سے دریافت کیا مجھے بتائیے ماعون کیا ہے؟ حضرت ابن مسعودؓ نے فرمایا وہ چیزیں جنہیں لوگ ایک دوسرے سے استعمال کے لیے مانگ کر لے جاتے ہیں۔

۲۔ امام ابوداوُدؒ نے اپنی سنن ۱۶۷/۱ میں یہ اثر نقل فرمایا ہے حضرت ابن مسعودؓ فرماتے ہیں:

ہم لوگ رحمت کائنات صلی اللہ علیہ وآلہ وسلم کے زمانہ اطہر میں ڈول اور ہانڈی استعمال کرنے کے لیے ایک دوسرے سے مانگ کر لینے کو ماعون گردانتے تھے۔

***

۱۰۸۔ سورۃ الکوثر

۱۰۹۔ سورۃ الکافرون

۱۔ ابن جوزی نے زاد ۹/۲۵۲ میں لکھا ہے یہ سورت مکی ہے حضرت ابن مسعودؓ اور حضرت حسن اور حضرات جمھور نے یہ ارشاد فرمایا ہے۔

۲۔ امام ترمذی نے اپنی صحیح ۲۲۳-۲۲/۲ میں لکھا ہے حضرت ابن مسعودؓ نے فرمایا میں شمار نہیں کر سکتا کہ میں نے کتنی دفعہ سنا رحمت دو عالم صلی اللہ علیہ وآلہٖ وسلم کو کہ انہوں نے نماز مغرب کے بعد والی دو رکعات اور نماز فجر سے پہلی دو رکعات میں یہ دو سورتیں تلاوت فرمائیں۔ (قل یا ایھا الکافرون) (الکافرون) اور (قل ھو اللہ احد) (الاخلاص)

***

۱۱۰۔ سورۃ النصر

۱۔ علامہ زمخشری نے کشاف ۴/۲۴۰ میں لکھا ہے حضرت ابن مسعودؓ نے فرمایا:

اس سورت کا نام سورت التودیع بھی ہے۔

۲۔ امام احمد بن حنبلؒ نے اپنی مسند ۵/۲۵۲ میں یہ اثر نقل فرمایا ہے۔ حضرت ابن مسعودؓ نے فرمایا جب اذا جآء نصر اللہ والفتح (النصر) رحمت دو عالم ﷺ پر نازل ہوئی تو آپؐ نے نماز میں اکثر اس کی تلاوت فرماتے تھے اور رکوع میں تین بار یوں پڑھتے۔ سبحانک اللھم ربنا وبحمدک اللھم اغفرلی انک انت التواب الرحیم۔

***

۱۱۱۔ سورۃ المسد

تَبَّتْ يَدَآ اَبِىْ لَهَبٍ وَّ تَبَّؕ ﴿۱﴾ مَآ اَغْنٰى عَنْهُ مَالُهٗ وَ مَا كَسَبَؕ ﴿۲﴾

ابولہب کے دونوں ہاتھ ہلاک ہوئے اور وہ خود ہلاک ہوا اس کو اس کے مال نے اور جو اس نے کمایا کچھ فائدہ نہ دیا۔

۱۔ علامہ بغوی نے معالم ۷/۲۶۳ میں لکھا ہے حضرت ابن مسعودؓ نے فرمایا: جب پیغمبر کائنات صلی اللہ علیہ وآلہ وسلم نے اپنے رشتہ داروں کو اللہ تعالیٰ کی طرف دعوت دی تو ابولہب نے کہا: اگر بھتیجے کی بات سچی ہے تو میں اپنی جان، اپنے مال اور اولاد کے بدلہ میں چھڑوالوں گا تو اللہ تعالیٰ نے یہ آیت مبارکہ نازل فرمائی۔ ما اغنی عنہ مالہ۔

***

۱۱۲۔ سورۃ الإخلاص

قل هو الله احد

کہہ دو کہ وہ اللہ تعالیٰ ایک ہے۔

۱۔ ابن جوزی نے زاد ۹/۲۶۴ میں لکھا ہے یہ سورت مکی ہے۔

حضرت ابن مسعودؓ اور حضرت حسن وغیرہ نے یہ ارشاد فرمایا ہے۔

۲۔ ابن کثیر نے اپنی تفسیر ۸/۵۳۸ میں لکھا ہے حضرت ابن مسعودؓ نے فرمایا: قریش نے رحمت کائنات صلی اللہ علیہ وآلہ وسلم سے مطالبہ کیا کہ ہمیں اللہ تعالیٰ کا نسب نامہ بتائیں تب یہ سورت نازل ہوئی۔

۳۔ قرطبی نے احکام ۲۰/۲۵۲ میں لکھا ہے کہ امام نسائی نے روایت کی ہے حضرت ابن مسعودؓ نے فرمایا: ہلکی بوندا باندی ہوئی اور اندھیرا چھا گیا تو ہم لوگ انتظار کرنے لگے کہ رحمت دوعالم صلی اللہ علیہ وآلہ وسلم باہر تشریف لائیں۔ پھر حضرت ابن مسعودؓ نے کچھ باتیں ذکر فرمائیں، ان کا مفہوم یہ ہے کہ پھر سرور دوعالم صلی اللہ علیہ وآلہ وسلم ہمیں نماز پڑھانے کے لیے باہر تشریف لے آئے

اور مجھے فرمایا۔ قل ۔ (کہو) میں نے عرض کیا میں کیا کہوں؟ آپؐ نے فرمایا۔ قل ھو اللہ احد ۔ اور معوذتین صبح و شام تین تین بار پڑھ لیا کرو یہ تمہیں ہر چیز کی طرف سے کافی ہو جائیں گی۔

۴۔ سیوطی نے الدر ۶/۴۱۴ میں لکھا ہے حضرت ابن مسعودؓ فرماتے ہیں نبی آخر الزماں ﷺ نے فرمایا: کیا تم میں سے کسی کے لیے یہ مشکل ہے کہ وہ ہر رات ایک تہائی قرآن مجید کی تلاوت کر لیا کرے صحابہ کرامؓ نے عرض کیا اتنا زیادہ کون پڑھ سکتا ہے؟ آپؐ نے فرمایا کیوں نہیں۔ قل ھو اللہ احد ایک تہائی قرآن مجید کے برابر ہے۔

۵۔ امام ابو داوٗدؒ نے اپنی سنن ۱/۸۲ میں یہ روایت درج فرمائی ہے حضرت ابو عثمان النہدی نے حضرت ابن مسعودؓ کے پیچھے نماز مغرب ادا کی۔ حضرت ابن مسعودؓ نے اس نماز میں قل ھو اللہ احد کی تلاوت فرمائی۔

اللہ الصمد

اللہ تعالیٰ بے نیاز ہے۔

۱۔ امام ربیع نے اپنی مسند ۳/۳۷ میں لکھا ہے حضرت ابن مسعودؓ سے الصمد کے بارے میں پوچھا گیا تو آپ نے فرمایا: صمد وہ ذات ہے ضروریات کے پورا کرنے میں جس کی محتاجی ہو،

۲۔ امام ابن کثیرؒ نے اپنی تفسیر ۵۴۷/۸ میں لکھا ہے۔ حضرت شقیق ابو وائل نے فرمایا الصمد وہ سردار ہے کہ جس پر سرداری ختم ہو جائے۔ حضرت عاصم نے حضرت ابو وائل سے اور انہوں نے حضرت ابن مسعودؓ سے ایسا ہی نقل کیا ہے۔

***

۱۱۳، ۱۱۴۔ سورۃ الفلق و سورۃ الناس

۱۔ علامہ سیوطی نے الدر ۶ ۴۱۶ میں لکھا ہے حضرت ابن مسعودؓ فرماتے ہیں سید الاولین والاخرین شفیع المذنبین راحتہ العاشقین صلی اللہ علیہ وآلہ وسلم نے فرمایا: مجھ پر ایسی آیات اتری ہیں کہ ان جیسی پہلے نہیں اتریں وہ معوذتین ہے۔

۲۔ امام احمد بن حنبل رحمۃ اللہ عزوجل نے اپنی مسند ۵/ ۲۹۱۔ ۲۹۲ میں یہ نقل فرمایا ہے حضرت ابن مسعودؓ فرماتے ہیں۔ سید المرسلین امام الانبیاء خاتم النبیین صلی اللہ علیہ وآلہ وسلم معوذات کے علاوہ کسی اور چیز سے دم کرنا پسند نہیں فرماتے تھے۔

ختم القرآن۔

۱۔ علامہ سیوطی نے الدر ۶/ ۴۲۲ میں لکھا ہے حضرت ابن مسعودؓ نے فرمایا جو شخص مکمل قرآن پڑھے اس کی ایک دعا قبول ہوتی ہے۔

* * *

تدوین اور ای بک کی تشکیل : اعجاز عبید